中国社会科学院国情调研特大项目"精准扶贫精准脱贫百村调研"

精准扶贫精准脱贫百村调研丛书

CASE STUDIES OF TARGETED POVERTY REDUCTION AND
ALLEVIATION IN 100 VILLAGES

李培林／主编

精准扶贫精准脱贫
百村调研·生基村卷

苗寨脱贫与社区文化主体性建构

李春南　沈　红／著

社会科学文献出版社

SOCIAL SCIENCES ACADEMIC PRESS (CHINA)

中国社会科学院国情调研特大项目
"精准扶贫精准脱贫百村调研"
项目协调办公室

主　任：王子豪
成　员：檀学文　刁鹏飞　闫　珺　田　甜　曲海燕

总　序·

调查研究是党的优良传统和作风。在党中央领导下，中国社会科学院一贯秉持理论联系实际的学风，并具有开展国情调研的深厚传统。1988年，中国社会科学院与全国社会科学界一起开展了百县市经济社会调查，并被列为"七五"和"八五"国家哲学社会科学重点课题，出版了《中国国情丛书——百县市经济社会调查》。1998年，国情调研视野从中观走向微观，由国家社科基金批准百村经济社会调查"九五"重点项目，出版了《中国国情丛书——百村经济社会调查》。2006年，中国社会科学院全面启动国情调研工作，先后组织实施了1000余项国情调研项目，与地方合作设立院级国情调研基地12个、所级国情调研基地59个。国情调研很好地践行了理论联系实际、实践是检验真理的唯一标准的马克思主义认识论和学风，为发挥中国社会科学院思想库和智囊团作用做出了重要贡献。

党的十八大以来，在全面建成小康社会目标指引下，中央提出了到2020年实现我国现行标准下农村贫困人口脱贫、贫困县全部"摘帽"、解决区域性整体贫困的脱贫攻坚目标。中国的减贫成就举世瞩目,如此宏大的脱贫目标世所罕见。到 2020 年实现全面精准脱贫是党的十九大提出的三大攻坚战之一,是重大的社会目标和政治任务,中国的贫困地区在此期间也将发生翻天覆地的变化,而变化的过程注定不会一帆风顺或云淡风轻。记录这个伟大的过程,总结解决这个世界性难题的经验,为完成这个攻坚战献计献策,是社会科学工作者应有的责任担当。

2016 年,中国社会科学院根据中央做出的"打赢脱贫攻坚战"战略部署,决定设立"精准扶贫精准脱贫百村调研"国情调研特大项目,集中优势人力、物力,以精准扶贫为主题,集中两年时间,开展贫困村百村调研。"精准扶贫精准脱贫百村调研"是中国社会科学院国情调研重大工程,有统一的样本村选择标准和广泛的地域分布,有明确的调研目标和统一的调研进度安排。调研的 104 个样本村,西部、中部和东部地区的比例分别为 57%、27% 和 16%,对民族地区、边境地区、片区、深度贫困地区都有专门的考虑,有望对全国贫困村有基本的代表性,对当前中国农村贫困状况和减贫、发展状况有一个横断面式的全景展示。

在以习近平同志为核心的党中央坚强领导下,党的十八大以来的中国特色社会主义实践引导中国进入中国特色社会主义新时代,我国经济社会格局正在发生深刻变化,脱贫攻坚行动顺利推进,每年实现贫困人口脱贫 1000 多万人,贫困人口从 2012 年的 9899 万人减少到 2017 年的 3046 万人,在较短时间内实现了贫困村面貌的巨大改观。中国社会科学院组建了一百支调研团队，动员了不少于500名科研人员的调研队伍，付出了不少于3000个工作日，用脚步、笔尖和镜头记录了百余个贫困村在近年来发生的巨大变化。

根据规划，每个贫困村子课题组不仅要为总课题组提供数据，还要撰写和出版村庄调研报告，这就是呈现在读者面前的"精准扶贫精准脱贫百村调研丛书"。为了达到了解国情的基本目的，总课题组拟定了调研提纲和问卷，要求各村调研都要执行基本的"规定动作"和因村而异的"自选动作"，了解和写出每个村的特色，写出脱贫路上的风采以及荆棘！对每部报告我们都组织了专家评审，由作者根据修改意见进行修改，直到达到出版要求。我们希望，这套丛书的出版能为脱贫攻坚大业写下浓重的一笔。

中共十九大的胜利召开，确立习近平新时代中国特色社会主义思想作为各项工作的指导思想，宣告中国特色社会主义进入新时代，中央做出了社会主要矛盾转化的重大判断。从现在起到2020年，既是全面建成小康社会的决胜期，也是迈向第二个百年奋斗目标的历史交会期。在此期间，国家强调坚决打好防范化解重大风险、精准脱贫、污染防治三大攻坚战。2018年春节前夕，习近平总书记到深度贫困的四川凉山地区考察，就打好精准脱贫攻坚战提出八条要求，并通过脱贫攻坚三年行动计划加以推进。与此同时，为应对我国乡村发展不平衡不充分尤其突出的问题，国家适时启动了乡村振兴战略，要求到2020年乡村振兴取得重要进展，做好实施乡村振兴战略与打好精准脱贫攻坚战的有机衔接。通过调研，我们也发现，很多地方已经在实际工作中将脱贫攻坚与美丽乡村建设、城乡发展一体化结合在一起开展。可以预见，贫困地区的脱贫攻坚将不再只局限于贫困户脱贫，我们有充分的信心从贫困村发展看到乡村振兴的曙光和未来。

是为序！

全国人民代表大会社会建设委员会副主任委员

中国社会科学院副院长、学部委员

2018 年 10 月

前　言

改革开放以来，中国政府开展了史无前例的大规模扶贫综合治理，实施强有力的扶贫攻坚计划。中国社会科学院 2016~2017 年组织实施"精准扶贫精准脱贫百村调研"国情调研特大项目，对全国范围内兼具代表性和典型性的贫困村展开调查。本书是项目子课题"生基村易地扶贫搬迁和旅游扶贫调查"的成果，以云南省盐津县生基村为国情调研地，记录少数民族社区脱贫的历史进程，考察民族文化和教育发展对社区脱贫发挥的作用，理解精准扶贫工作的社会效应。

生基村地处乌蒙山区腹地——全国重点扶贫的集中连片特困区之一。该村所在区域集民族地区、边远山区、贫困地区于一体，是贫困人口分布广、少数民族聚集的特困地区，其扶贫方式、脱贫经验和历程值得记录和总结。生基村聚居的苗族，俗称"大花苗"。这支苗族曾经迁徙不定，沦为当地土目的农奴，生活极度贫困，也曾因缘际会奋力攀登上西南少数民族教育的巅峰。生基村的民族教育和社区发展相结合有着悠久的历史渊源。百年的迁徙和文化变迁历程，凝结成了现在的村落结构和文化表象。

百年间，生基村的苗族经历了数次迁徙与回流，他们以文化和教育为突破口，在社区经济和文化结构方面发生了重要转化，他们融入现代社会发展潮流的努力几经波折，在遍布荆棘的社会变迁中保持文化主体性。随着国家扶贫工作的推进，生基村的贫困面貌发生了巨大变化。2017年是大花苗迁徙到盐津县生基村一百周年，当地苗族举行了盛大的庆祝活动，上万人从四面八方赶到这个小山村欢聚一堂，花苗同胞、游人旅客、官员学者到场见证这个重要的时刻。生基村的小学发展为全乡教学质量优秀的村小，盛大的苗族花山节连年在此举办，老苗文培训、芦笙表演、苗族古歌等文化活动兴盛。生基村正在逐步成为一个文化教育中心，辐射周围村庄的范围日渐扩大，带动居民生计变迁，向小集镇的方向转化。这个边远苗族村落百年的发展历程，是国家和少数族群共同面向现代化变迁所做努力的缩影。

本书以生基村发展历程中的重大事件为轴线，呈现这个在历史上因迁徙和流动形成贫困的苗族村庄，在现代化历程中遭遇的种种挑战与危机。这个贫困的少数民族村落中发生的文化性行动对于我们理解中国的脱贫进程具有重要价值。

目　录

第一章

理论视角与调查方法

第一节 贫困均衡与文化主体性

一 贫困均衡与贫困文化

我们关注的贫困现象，是一种长期困扰边缘地带、边缘群体的状态。贫困状态的本质，曾经被发展实践机构视为经济收入的恶性循环，后来又被认为是一种经济结构均衡，这也是学术界对大规模贫困的看法，贫困均衡是一种社会文化和经济组织结构，使贫困地区或者族群陷入并习惯一种低收入的循环之中。[①] 对于贫困社区来说，打破贫

---

① 〔美〕约翰·肯尼斯·加尔布雷斯:《贫穷的本质》，倪云松译，东方出版社，2014。

困均衡和接纳的动力是基础教育的发展、工业化以及社会流动。

与贫困均衡密切联系的是贫困文化，这是发展社会学领域一个具有争议性的概念。贫困文化关注的是贫困主体及其观念思想和社会心理。提出"贫困文化"概念的国际学者，认为贫困文化是一种亚文化，文化持有者处于孤立或者封闭的环境中，普遍带有强烈的宿命感、无助感和自卑感，不能在广泛的社会文化背景中去认识自身的困难。[①] 研究现代化的学者进一步强调，落后和不发达也是一种国民落后思想心理状态，国民的思想、心理和精神被牢固地锁在传统思想意识之中，就构成了对经济发展的严重障碍。[②]

中国学者借鉴相关的研究，将贫困文化理解为贫困群体形成的行为方式、心理定式、生活态度和价值观等非物质形式。[③] 从王小强、白南风把人口素质确定为贫困原因[④] 开始，很多学者都在一种消极、负面的意义上看待贫困文化和贫困者的文化，或视之为传统小农文化的表现，如听天由命的人生观、得过且过的生活观、重农抑商的生产观、好逸恶劳的劳动观；[⑤] 或视贫困文化为抑制求知的欲望、减少获取知识途径、妨碍社会发展的

---

① Lewis, O., Five Families: Mexican Case Studies in the Culture of Poverty, Basic Books, 1975.

② 英克尔斯：《人的现代化素质探索》，曹中德等译，天津社会科学院出版社，1995。

③ 吴理财：《文化贫困》（上），《社会》2009年第8期。

④ 王小强、白南风：《富饶的贫困》，四川人民出版社，1986。

⑤ 穆光宗：《论人口素质和脱贫致富的关系》，《社会科学战线》1995年第5期。

阻滞力。有些学者将贫困文化的研究思路用来研究少数民族贫困，认为少数民族传统文化中某些消极落后的生产、生活、生育、消费、教育等价值观念本身就是致贫因素。[1]

贫困文化的相关研究采用一种单线因果决定关系来分析贫困社区复杂的文化系统失之偏颇，并且陷入循环论证。把贫困文化作为贫困均衡产生和维持的原因存在的诸多不足，学者们开始倾向于把贫困均衡的维持看成诸多因素系统运行的结果。结合系统学和经济学的术语，他们认为各种因素构成了一个错综复杂的因果关系网络，共同作用的结果就是使贫困成为区域的持久性状态，[2]"陷阱—隔离—均衡"构成低层次的、低效率的、无序的、稳定型的区域经济社会运转体系，规定着贫困延续的轨迹。[3]

沈红、周黎安和陈胜利发表于20世纪90年代的贫困家庭研究，较早地揭示贫困"非理性"行为背后的"贫困理性"逻辑以及贫困的代际传递机制。他们的研究通过探讨贫困者家庭内部行为和代际行为关系，解释中国贫困在乡村家庭这一社会层面上何以发生、何以再生。贫困小农经济行为合理性需要用家庭生活预期、社会生活的合理性来解释。贫困小农家庭每一个环节上的行为理性积淀，客观上却导致了小农总体行为的"非理

① 李国和：《传统观念与云南少数民族地区的贫困》，《理论与实践》2003年第2期。

② 康晓光：《中国贫困与反贫困理论》，广西人民出版社，1995，第110~119页。

③ 罗必良：《从贫困走向富饶》，重庆出版社，1991。

性"结果，每一种改善贫困、防御风险的行为最终却导致贫困化。随着家庭生命周期的世代更替，小农能够调整和控制的人口结构，即劳动力配置结构，发生周期性变化，这也影响着家庭经济水平和贫困发生的周期性波动。贫困小农的家庭经济行为、社区行为和环境关系三个过程在自身逻辑的推动下相互渗透、长期积累和沉淀，在穷人求存的内在驱动下不断恶化，导致这个群体的长期贫困。[①]

贫困文化与发展的关系存在多种可能性。甘斯将文化分为行为文化和期待文化，认为文化是那些引起行为、持现存行为，又鼓励未来行为的行为规范和期待的混合体。他从文化的角度论及了有关穷人的文化适应问题，人类的行为不仅是对传统的维持，也会因为现实生存环境变化而变化。[②]

周怡认为，在贫困问题的研究领域，最鲜明反映文化自主性的是贫困文化理论，将贫穷文化因自主而获得的霸权推延到了极致。在非稳定的生活场景中，结构变迁是剧烈的，文化角色处在维持现存行为方式和建构新行为方式的搏杀、交织和变动中，个人、群体或社区又不得不被涵盖在建构新行为方式的努力中。[③]

贫困均衡的接纳或者拒绝不仅仅是研究者的问题，也

---

① 沈红、周黎安、陈胜利：《边缘地带的小农——中国贫困的微观解理》，人民出版社，1992。

② Gans，H.，*The Urban Villagers: Group and Class in the Life of Italian: Americans*（New York: Free Press，1968）.

③ 周怡：《贫困研究：结构解释与文化解释的对垒》，《社会学研究》2002年第3期。

是生活在这些社区中的人们面临的实际问题。文化塑造人，这并不意味着人只是被动地接受文化的塑造，人们都是在不断地、主动地改造着旧的文化，创造着新的文化。关注贫困文化的学者往往从"客位"的角度来评价贫困群体的观念和价值，缺乏从贫困者"主位"的眼光和整体性的文化形态来客观分析贫困人群的文化。

二 反贫困：经济和文化变迁

贫困是历史与经济、政治、社会和自然地理条件长期综合的结果，尤其受制度和市场的影响更为深刻和强烈。文化贫困论者认为，穷人基本上难以依靠自身力量摆脱贫困命运，因为他们内化了那些与大社会格格不入的一整套价值[①]观念，改变贫困的动力来源于外部环境或者群体。因此，很多研究关注了政府和市场两个主体促使社区贫困文化变迁的过程。

（一）国家与市场的力量

早期经济学观点认为，市场是解决贫困问题的主要途径。市场经济的发展带来劳动力素质的改善。贫困群体被视为低端劳动力，他们的"素质"或者文化习性，会随着卷入市场经济体系发生改变。古典政治经济学家认为，在自由市场经济条件下，贫困是个人的选择行为和

---

① Gans, H., *The Urban Villagers: Group and Class in the Life of Italian: Americans* (New York : Free Press, 1968) .

市场调节的结果。库兹涅茨的"倒U形曲线"发现西方主要工业国家，随着经济的发展，对普通劳动力需求的增大，低收入人群的收入会增加。而工作的穷人不是缺乏工作，而是缺乏技能去承担高收入的工作。然而，很多经验证明经济增长并不能有效地改变贫困，越来越明显的两极分化，在经济高速发展之后反而更加突出。反对者认为反贫困是一种典型的公共物品，按照社会公正的原则分配资源根本不是市场的功能，市场本身如不加以限制只能扩大地区的不平等，应当强调国家的主导作用和有效干预。

在中国社会近代化和现代化过程中，改善贫困群体的文化运动一直由国家主导。从民国开始，国家和民间力量联合推动了乡村建设运动，致力于改变中国乡村"土、弱、愚、私"的贫困根源。新中国成立之后，新政权从阶级视角来改造基层社区文化。早期的文化扶贫研究认为，可以通过国家力量的介入，帮助贫困人口建立现代化的思维方式。在改革开放之后，国家发展运动背景下的发展干预与国际发展产业互动，并吸收某些后者的说法和手段，但是以技术—现代化为核心的基本发展表征没有变。中国在1992年成立了文化扶贫委员会，文化扶贫的着眼点主要是素质扶贫，如文化下乡、发展普通教育、进行职业技术培训等。2000年之后，中国反贫困的国家行动把反贫困的重点从原来国家层面的592个重点县转移到涉及860个县的14个"连片特困地区"。扶贫行动单位从单独的县级行政区划，逐渐过渡为根据地理情况和扶贫基础条件整合起来的连片特困地区，文化扶贫的内容和形式更加多样化。

由中央和地方各级政府主导的扶贫项目，成了上级政府与基层组织向贫困农村地区提供社会管理服务的基础，政府广泛使用项目制度，用以实现"发展"和"现代化"。精准扶贫是现阶段我国扶贫政策的关键措施，具体内容包括精准识别、帮扶、管理和考核。汪三贵、郭子豪从政策运行层面分析了我国目前精准扶贫面临的"不精准"挑战。[①] 自从折晓叶、陈婴婴等发表关于项目制的研究后，一些学者沿着此思路探讨扶贫项目的实际运作过程和扶贫效果。[②] 黄宗智、许汉泽、李小云等学者的研究集中讨论了项目制运作之下的政府扶贫机制及其社会效果，尤其是广泛存在于贫困农村地区的亚文化，比如关系思维等，与项目制相结合，增加了与国家扶贫治理目标相背离的风险。[③]

以上的研究关注在中国社会发展进程中，以政府和市场为主体的反贫困运动带来的复杂社会后果，处于市场和国家政策主导的反贫困历史进程中的贫困人群面临着不同的文化机遇和风险。沈红认为，宏观利益格局中不利于贫困者的一些重要因素，包括发展起点、投资倾斜、物价上

---

① 汪三贵、郭子豪：《论中国的精准扶贫》，《贵州社会科学》2016 年第 5 期。

② 折晓叶、陈婴婴：《项目制的分级运作机制和治理逻辑——对"项目进村"案例的社会学分析》，《中国社会科学》2011 年第 4 期。

③ 黄宗智：《"项目制"的运作机制和效果是"合理化"吗？》，《开放时代》2014 年第 5 期；许汉泽、李小云：《精准扶贫视角下扶贫项目的运作困境及其解释——以华北 W 县的竞争性项目为例》，《中国农业大学学报》（社会科学版）2016 年第 4 期。

涨、责任误区、扶贫资金和管理、劳动力转移成本和城市歧视等方面，宏观利益结构的平衡不会自发进行，需要一系列逆市场规则而动的行动。[①] 政策和市场也可能导致新的不平等，不当的政策导向和市场经济过程都会引起不平等，进而导致新的文化性的贫困均衡。

（二）发展主体、社区公共性与文化变迁

近年来，贫困研究越来越重视本地人作为发展主体问题。一些学者基于"后发展"和"发展的人类学"的视角，以本土文化专家的身份加入发展领域，把人类学和社会学所特有的文化关怀引入其中，提出要创造不同话语和表征的观点，主张注重培育发展主体，推动贫困公民社会建设的责任和意识。

贫困文化话语的生产和传播，其后涉及一整套权力和意识形态的生产机制。发展社会学关注被发展人群关于发展想法和他们为发展付出的代价。如何让"被发展者"掌握发展的话语权和方向，并对发展过程做出评估和反思，是研究者们关注的问题。杨小柳认为，这种以本地的视角反思发展的潮流主要有三个流派，一是采用福柯式的话语分析手段解构发展；二是立足于本土知识研究，倡导自下而上的参与发展模式；三是继续和延伸发展的话语分析，证明并展现发展实践中存在的多种发展话语。[②] 一些学者从被发展者的视角出发否定发展的进程，例如，著名人类

---

① 沈红：《宏观利益格局中的贫困》，《社会学研究》1996 年第 3 期。

② 杨小柳：《发展研究：人类学的历程》，《社会学研究》2007 年第 4 期。

学家埃斯科巴通过研究不发达地区人们抗争矿业开采的案例，解释不发达地区的人们不愿意卷入那些能够让他们摆脱贫困的现代事业之中，是因为他们拥有与西方建构的知识体系完全不同的生存意义体系。

近代以来，中国基层社区积累的历史经验和模式，对于理解后发国家或者地区的贫困人群如何突破文化性的贫困均衡具有重要借鉴。中国社会的反贫困历程，在不同的历史时段呈现不同的特征。在改革开放之后，一轮又一轮扶贫运动在基层推进，很多社区改善了贫困面貌。正如辛允星所说，在中国的"捆绑式发展"模式下，国家的发展主义意识形态在基层政府手中被转化为社会发展工程的"整体规划"，特定区域的民众同时被强制捆绑在一起，与来自政府的设计者们共同推进"发展"的宏图伟业。[①]"发展工程"是一项个体性与集体性紧密结合的"复杂事业"，其中不同利益主体具有各自特定的诉求。所有地方社区既受制于国家发展模式，也借助这个模式提供的各种资源而行动。人们开始关注当地人为了逃离贫困均衡的努力，以及这些努力的实际效果，探寻这些努力成功或者失败的原因和机制。

沈红曾经指出，外界扶贫资源是否起到作用，主要问题是外生性资源是否可能、如何可能转化为贫困社区的自我发展能力。社区自组织即动力来自社区内部的组织过程，包括社区自我传递、复制、整合和推动。用这个概念分析贫困者的社区性互助行为、贫困者对稀缺资源的管理

---

① 辛允星：《"捆绑式发展"与"隐喻型政治"对汶川地震灾区平坝羌寨的案例研究》，《社会》2013 年第 3 期。

方式，并从政治区位、市场区位、生态文化探讨社区自组织的变迁。[①] 利用参与式的网络式的交往行动，帮助穷人构建自己的生活世界和社区公共领域。在社区层面，社区自组织的能力，与社区文化组织和社区的文化主体性密切相关。

正如布迪厄、华康德所言，社会学家在丰富生动的社会现象面前，必须同时从动态和静态两方面研究社会的历史性和结构性，从历史联系的角度去考察在各个不同结构网络中的"社会行动者"，并重构它们之间的相互关系。[②] 研究者应该重视经济结构和阶级结构对于行动者的客观制约功能，同时强调社会结构本身也是人的历史活动的产物，是富有内在生命力的。

在文化群体的连带性意义上来解释主体性，人们认识到，地方性的知识或者文化随着发展主体的创造性参与不断变化，以解决实际问题。文化的主体既不是单一个体也不是整个人类，而是特定时间和场合中具有连带关系的共同体。

按照社区参与和共同体形成的理想模式，社区形成是一个人们围绕社区公共议题进行动员和参与，并经由参与产生认同的过程。研究城市社区重建时，杨敏注意到成员内部不同参与类型与社区意识建构过程。她按照公共议题和参与决策的不同类型，区分了四种不同类型的参与方

---

① 沈红：《中国贫困研究的社会学评述》，《社会学研究》2000年第2期。
② 〔法〕皮埃尔·布迪厄、〔美〕华康德：《实践与反思：反思社会学导引》，李猛、李康译，中央编译出版社，1998。

式，每种方式对应不同的社区意识。① 但是在农村，公共事务或者议题达成共识的机制与本土文化资源密切相关。关键的问题不在于有没有公共议题和是否参与决策过程，而在于参与者对于自身与他者关系的认识，以及参与的主动性与被动性。

回顾已有的研究，打破贫困均衡和接纳的动力是基础教育的发展、工业化以及社会流动，这三个要素对于打破经济性的贫困均衡作用明显。但是，文化性贫困均衡的突破机制更加复杂。边缘贫困的村落在摆脱绝对贫困的过程中，以国家通过各级行政组织自上而下地动员并注入资源；贫困社区自下而上地转化资源，参与扶贫发展过程。社区成员通过不同的参与行动类型形成的社区公共性特征，对社区发展发挥着至关重要的作用。

第二节　研究问题和方法

一　问题和概念

根据在生基村的田野调查，我们考察、记述并分析了100 年来不同社会情境下这个大花苗聚居村落的发展历史，

---

① 杨敏：《作为国家治理单元的社区——对城市社区建设运动过程中居民社区参与和社区认知的个案研究》，《社会学研究》2007 年第 4 期。

这是一段发展主体不断与贫困抗争、为改善生存和生活条件集体奋斗的历史。

调查组关注的现实问题是：苗族村民面临的生存和发展困境，以及他们如何组织起来解决公共问题；生基村既经历过狭义扶贫也经历过广义扶贫，如农业技术推广、外出打工、易地扶贫搬迁，如办村小学（基础教育）、茶园农场、养牛合作社（产业化）、国营茶厂改制职工身份变化（社会流动），他们如何不断改变对贫困的认识，如何通过集体性行动摆脱贫困。

调查组关注的理论问题是：贫困社区文化主体性如何建构；这些扶贫发展计划的实施，村民的实践是否为打破文化性的贫困均衡提供本土化经验；一个具有多种利益取向的村庄如何生存，在共同体层面上如何达成共识。

这里涉及几个相关概念。

文化主体性：不仅指贫困人群所认同的地方性文化、民族文化应当得到保护和发展，[①]更进一步指多样化的、非线性的发展模式的承认和接纳。每个社会群体都有发展的权利，实现发展权利的基础与条件并不一致。社区文化主体性与社区意识不同，并不追求统一的社区归属感的结果，而是根据大社会环境变化不断追求改善社区的能力和努力。本书中社区文化主体性具体表现为：心理层面上认可具有本土特色的社区发展过程；行动上主动参与社区发展事务。

① 沈红：《穷人主体建构与社区性制度创新》，《社会学研究》2002年第1期。

社区公共性："公共性"的内涵丰富，并一直被不断再诠释，本书使用学术界广泛接受的定义。从参与者角度看，"公共性"指涉的是人们从私人领域中走出来，就共同关注的问题开展讨论和行动，在公开讨论和行动中实现自己从私人向公众的转化；从参与程序角度看，"公共性"指涉程序的公开、开放和公平，人们在平等对话中达成共识。①

文化性贫困均衡：相对于低收入贫困均衡而言，指社区内部存在的文化结构，致力于维持社区贫困面貌的文化状态。

调查组努力深入观察村庄社会关系结构中那些起积极作用和主动作用的因素，尤其是心理因素和文化象征性因素。文化主体如何来理解自身所处的社会情境，如何通过行动改变自身的处境，他们的尝试与成败，构成地方社会发展的真实脉络。

二 研究方法

研究课题由中国社会科学院社会发展战略研究院沈红研究员主持，核心成员为杜发春、李春南、沈茜、杨欣萌、刘慧丽，课题组扩大成员包括调查村所在地乡村干部、教师以及本村苗族大学生。李春南、沈茜负责村表和农户问卷调查，沈红、杜发春进行县域调查，刘慧丽协助

---

① 李友梅、肖瑛、黄晓春：《当代中国社会建设的公共性困境及其超越》，《中国社会科学》2012年第4期。

整理数据。李春南博士撰写生基村调查报告初稿，沈红老师和课题组核心成员完成调查报告修改。

本书采取个案研究的方法，探寻这个少数民族社区的发展和脱贫历程中的规律和机制。研究者参与到村庄的生活中去，在具体社会情境中去理解事情的脉络。

调查组选点：调查组主要成员曾经访问过盐津县若干贫困乡镇和中小学，有进入田野的便利。2015年沈红研究员首次到访生基村考察社区历史、文化传承和民族教育情况。2016年李春南博士应邀参加生基村举办的"盐津县滇东北次方言非物质文化遗产滇保护培训班"。2017~2018年，李春南博士在生基村驻村数月，参与观察扶贫项目、社区教育和村庄民族文化活动。

本书采取以定性研究为主，结合统计数据收集、座谈、入户访问、问卷调查的研究方法。多层次或多重角度收集信息、资料，相互验证。以回访事件地和比较案例法为主，回访重要历史事件发生地是研究社会发展和变迁的方法。案例的研究资料主要来自以下几个方面：文献资料、地方档案、地方志资料、相关政策法规、统计数据资料、重要事件记载及文字资料。还有一个重要的来源是调查组在田野中进行的口述史记录和访谈资料。

2017年4~9月，调查组三次前往盐津县进行调查，调查县域、乡镇和基层社区历史和发展情况。访问当地苗族干部、乡村教师、村民等，参与当地社会和文化活动，进行观察。

表1-1　调查资料收集地点及方法

调查地点	调查对象	调查内容	调查方法	时间
盐津县城	县政府 县档案局 县民宗局苗学会 扶贫办	1. 县社会发展历史调查，花苗社区历史结构变迁 2. 县域经济和社会发展状况 3. 县域扶贫状况和资料收集	访谈 文献收集	2017年4~9月
盐津县滩头乡	乡政府及相关官员	1. 滩头乡的发展状况资料，扶贫历史和现状 2. 生基社区概况，历史资料 3. 滩头乡中心校发展状况	结构性访谈 文献收集	2017年4~9月
盐津县滩头乡生基村	村庄行政组织 教会组织 学校 茶场与茶农 文化老人 村民	1. 村庄发展情况，历史变迁 2. 扶贫历史和现状，考察易地搬迁和新村建设历程 3. 学校发展历史和现状，代课老师情况调查 4. 教会历史，在社区的运作情况 5. 花山节和苗文传承 6. 国营茶厂历史及其现状	问卷调查 参与观察 访谈 个人生活史 资料文献收集	2015年4月 2016年8月 2017年4~9月 2018年8月

资料来源：作者整理。

　　调查组在生基村开展了问卷调查，采用分层随机抽样，根据生基村10个组的人口分配抽样指标。问卷调查历时两周，由调查组选择当地学校老师和村委会成员组成访问员小组，对调查员进行培训并试调查之后，在全村开展问卷调查工作。发放问卷80份，回收有效问卷77份。回收的问卷中含建档立卡贫困户34户、非建档立卡贫困户33户。问卷调查数据将会在后文中详细说明。

　　由于调查的对象是苗族的村落，调查组和被访问对象存在文化差异。为减少对于行为、语言背后未说明动机的误解，我们尽可能把提问、人们的回答和对讲述的理解置于社区生活中，以利于理解当时历史环境。所以，本书中被访者对于事件的态度和价值，实际上是调查者与被访者在一个特定的情景中达成的一种相对稳定的共识。

这些田野图片记录了调查小组的部分工作场景。

图1-1　课题组参加生基村苗文培训班

注：本书照片除特殊标注外均为李春南拍摄，2016年8月。

图1-2　调查组参与生基村苗文培训班课后聚会

（2016年8月）

图1-3　调查组访谈盐津县县长

（沈茜提供，2017年4月）

图1-4　调查组沈红老师到生基村小调查

（2017年4月）

图1-5　调查组访问盐津县扶贫办

（2017年4月）

图1-6　访问文化老人杨忠文老师

（2017年）

图 1-7　村内调查员入户进行
问卷调查

（2017 年 4 月）

图 1-8　村内调查员入户进行
问卷调查

（2017 年 4 月）

图 1-9　调查组访问贫困学生家庭

（2017 年 4 月）

图 1-10　调查组参与观察生基村
易地扶贫搬迁会议

（2017 年 4 月）

图 1-11　调查组参与生基村苗族
花山节

（2017 年 8 月）

图 1-12　调查组到访生基村边远
村组村民

（2017 年 9 月）

第三节　生基村贫困概况

　　本书的研究对象盐津县生基村是一个典型的民族贫困村落。生基村所在的盐津县是国家级贫困县，属于全国 14 个集中连片特殊困难地区之一的乌蒙山区。该区集民族地区、边远山区、贫困地区于一体，是贫困人口分布广、少数民族聚集的连片特困地区。生基村是盐津县 55 个贫困行政村之一，也是省扶贫工作对象建档立卡贫困村。

　　生基村平均海拔 1200 米，属高寒山区。该村距离滩头乡政府 21.6 公里，距县城 56.6 公里。生基村内居民以苗族（大花苗）为主，全村 14 个村民小组 527 户 2226 人，其中苗族 428 户 1928 人，目前有建档立卡贫困户 249 户 929 人。2015 年全村农民人均纯收入 2368 元，除去政策性惠农收入后，农民人均纯收入 2100 元，低于国家扶贫标准。

　　课题组在生基村随机抽取了 77 户家庭，在村干部的热心帮助下，问卷调查应答率为 100%。在问卷调查的基础上形成了对受访家庭的基本生活状况和对现有扶贫脱贫政策的主观感受与评价，并进行了简单的分析。

　　调查组随机抽样选中的 77 户中，有 40 户非建档立卡户、37 户建档立卡贫困户，分别占比 51.9%、48.1%。在建档立卡贫困户中，一般贫困户、低保户和低保贫困户分别占 30%、10% 和 46.7%。在非建档立卡户中，96.2% 的家庭是非贫困户，只有 1 户是 2016 年的建档立卡调出户。从调查数据上看，生基村贫困分布民族差异大，93.3% 建档立卡贫困户是苗族。国家一类贫困村普遍受教育程度不高，77.9%的村民是文盲或只有小学文化水平。其中，文盲或小学文化程度的建档立卡贫困户占89.2%。66.7%的低保户丧失劳动力，健康水平差，患有长期慢性病。几乎所有的村民都参加了新农合，且建档立卡贫困户参保率高于非建档立卡户。

在调研基础上，课题组对生基村村民的住房条件、生活状况、健康医疗、安全保障、劳动就业、政治参与、社会联系、时间利用和村内贫困与扶贫进行了分析，下面将依次呈现。

85.1%的生基村村民总体住房状况一般或良好，但只有48.1%的村民对当前住房状况表示"非常满意或比较满意"，建档立卡贫困户与非建档立卡户住房满意度没有明显差异，低保户中有33.3%的对当前住房不满意。生基村村民住房满意度低的原因主要是：住房内没有取暖设施或取暖设施差，几乎所有村民家都没有沐浴设施，大多数村民家中没有安装互联网。贫困户、低保户和低保贫困户在建房材料、主要水源、主要炊事用能源等方面与脱贫户和非贫困户相比，贫困户建房主要使用竹草土坯、砖瓦砖木和其他，脱贫户和非贫困户的建房材料主要是砖混材料和钢筋混凝土；生基村主要饮用水是受保护的井水和泉水，但少量贫困户饮用不受保护的井水和泉水，非贫困户使用"经过净化处理的自来水"；脱贫户和建档立卡调出户大多数采用其他新能源方式取暖，66.7%的低保户和44.4%的贫困户没有任何取暖设施。

总体来说，生基村村民的生活状况满意程度集中在"比较满意"或"一般"，占88.3%，目前非贫困户的生活满意度反而比贫困户低，如图1-13所示，建档立卡贫困户对目前生活"非常满意""比较满意"的占比都高于非建档立卡户。没有村民对目前生活状况"非常不满意"，对生活满意程度最高的是低保贫困户，14.3%的非常满意，64.3%的比较满意，21.4%的一般。同样，低保贫困户的幸福感大多集中在比较幸福，高于其他住户。生基村村民中有76.3%的认为家庭收入一般，14.5%的认为自家收入较低，但不同村民对家庭收入满意度差异大。可见，家庭收入对生活状况满意度有影响，但并不起绝对作用。生基村贫富差异不大，大多数（61.3%）村民表示与亲朋好友生活差不多，73.3%的村民认为与本村其他村民生活状况差不多。与5年前相比，94.8%的村民表示"好很多或好一些"，但仍有2.6%的非贫困户表示他们的生活实际上比

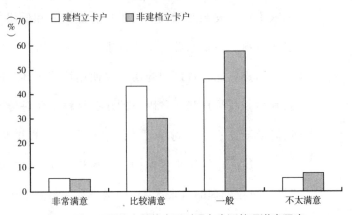

图1-13　不同住户总体来看对现在生活状况满意程度

资料来源：精准扶贫精准脱贫百村调研生基村调研。

说明：本书统计图，除特殊标注外，均来自生基村调研。

5 年前"差一些"。

生基村住户患病情况较多，这可能与当地居民长期生活在恶劣的环境下有关。村内建档立卡贫困户比非建档立卡户所患疾病程度严重，50% 的建档立卡贫困户表示所患疾病严重。所有的建档立卡户发病时需要治疗，但有 15.6% 的住户没去治疗。没有治疗的原因是经济困难（占 66.7%）及对病情不重视，认为忍一下就过去了。64.3% 的建档立卡贫困户日常生活没有问题，14.3% 的有严重问题，而非建档立卡户没有严重问题。建档立卡贫困户在身体疼痛和感觉焦虑或压抑方面比非建档立卡户相对严重，66.7% 的低保户有一点焦虑或压抑，一般贫困户有着非常严重的焦虑或压抑，有一半非贫困户感到焦虑或压抑。

生基村总体的住户安全与公共安全状况非常好，但自然灾害风险带来的财产损失较高。2016 年，几乎没有贫困户遭受过意外事故，只有 1 户非贫困户遭受到意外事故。生基村村民其他安全风险也相对较低，2016 年没有住户受工伤或遭遇交通事故，仅有 1.4% 的住户在 2016 年遇到公共安全问题，但没有抢劫、偷盗事件发生。91.3% 的住户表示在居住的地方天黑以后一个人走路觉得"非常安全或比较安全"。

但是，42.6% 的住户表示在 2016 年因自然灾害发生财产损失，71.4% 的一般贫困户、20% 的低保贫困户和 33.8% 的非建档立卡户遭受财产损失，从数字比较上可以看出贫困户更容易因自然灾害遭受损失，与非贫困户相比，其更脆弱，对贫困户的帮扶应该包含提升其应对自然灾害的能力。71.2%的住户2016年农业生产遭遇自然灾害，其中88.9%的一般贫困户、100%的低保户和61.5%的低保贫困户农业生产受损。课题组调查显示，所有村民中在2016年都有过挨饿的情况，这证明生基村村民持续在绝对贫困中挣扎，饥饿仍然是威胁其生命安全的重要因素。67.5%的认为自己的养老有保障，29.9%的表示说不清，不知道未来养老问题是否有保障，2.6%的认为养老没有保障。贫困户、低保户认为养老有保障，而8.0%的非贫困户认为自己养老没有保障。

生基村村民政治参与、文化娱乐组织参与程度相对较高，但经济组织参与程度较低。生基村有7.9%的人是中共党员，2位党员是低保贫困，4位党员是非贫困户。在过去一年，68.4%的个人或家庭参加了最近一次的村委会投票，27.6%的个人参加，只有1.3%的个人或家庭都没参加。64.9%的参加了村委组织召开的会议，贫困户（63.3%）参会略高于非贫困户（57.7%）。而且，生基村40%的个人或家庭参加在乡镇人大代表投票会议，证明生基村在乡镇层面政治参与程度相对较高。81.3%的村民参加了村内文化娱乐或兴趣组织，且生基村文娱活动相对频繁，每周都有62.5%的村民参加。这与生基村是苗族村寨有关。但是，94.1%的生基村村民没有参加农民合作社。

生基村是信任度较高、相对传统的社区。调查数据显示，生基村村民夫妻信任程度较高，遇到大事会一起商量。村民与父母、子女关系相处融洽，大多数村民都能做到每周与父母、子女联系。65.8%的村民认为平常多数时间里很忙，27.6%的认为有点忙，只有1.3%的觉得不忙。村民业余时间主要活动为看电视（39.5%）、做家务（36.8%）。建档立卡贫困户与非建档立卡户在看电视、做家务上有轻微差异。44.4%的建档立卡贫困户做家务，30.6%的看电视，对应的非建档立卡户为30.0%、47.5%。

生基村59.2%的适龄学生与父母住在一起，69.4%的2017年上半年在上中小学，91.4%的学生在公办学校就读。在入学可及性方面，生基村有41.9%的学生在本村上学，30.2%的在本乡镇上学。79.5%的村民认为学校条件"非常好或比较好"，贫困户与非贫困户就读学校条件差异不大，这与大多数学生正在就读中小学有关。因生基村地处乌蒙山区，学生上学路途较远，67.6%的学生住校。但是，不能忽略的问题是，仍然有27%的学生上学路途需要1小时上，这不符合我国撤点并校政策"中小学生就读路程不超过30分钟"的规定，这些学生承担着学校离家远的大量风险。生基村适龄学生未上学或失学辍学的原因是"孩子自己不想上学"，不再是因为经济困难，这归功于我国九年义务教育减免学费与提供营养餐。

大多数村民对生基村精准扶贫调整结果比较满意，认为村干部调整的精准扶贫项目合理。生基村村民73%的家庭为2015年精准扶贫调出户，村干部按照精准扶贫调出程度找对应家庭成员签字盖章，认定脱贫时，92.9%的家庭表示村干部来过家里，在户主在调整名单上确认签字后进行公示（91.4%）。75%的家庭对调整结果表示满意，12.5%的表示不满意，12.5%的认为无所谓。贫困户的调整满意度高于非贫困户。同样有 75% 的对精准扶贫调整程序满意，25% 的表示无所谓。89.4% 的贫困家庭对自家脱贫结果表示满意，10.7% 的表示不满意。

75.7% 的村民表示政府为本村安排的各种扶贫项目"很合理"或"比较合理"，没有村民认为政府安排的扶贫项目"很不合理"。69.2% 的村民认为本村贫困户选择"很合理"或"比较合理"。对生基村扶贫效果打分，22.5% 的村民认为很好，35.0% 的认为比较好，22.5% 的认为一般，12.5% 的认为不太好，还有 7.5% 的说不清。52.6% 的生基村家庭享受过扶贫政策，77.8% 的建档立卡贫困户表示为本户安排的扶贫措施"非常合适"或"比较合适"，并有 43.2% 的表示本户到目前为止的扶贫效果"非常好"或"比较好"。根据调查，生基村最主要致贫原因是：缺资金、交通条件落后等，如图 1-14 所示。根据主要致贫原因，对生基村的精准扶贫应该加强基础设施建设和生产技术培训。

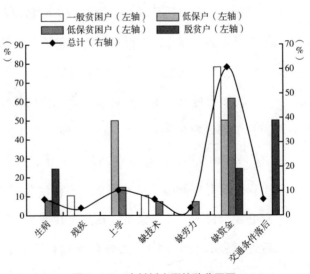

图 1-14　生基村主要的致贫原因

生基村的扶贫治理以易地搬迁扶贫和文化旅游扶贫为重点。易地搬迁是乌蒙山区扶贫治理最主要的方式之一，盐津县有8万多贫困人口，其中需要实施异地扶贫搬迁的人口有4500余户2万多人。目前，生基村已经启动了本村易地扶贫搬迁工作，并在新的安置点聚集了学校、村公厕以及文化活动中心。

2015年盐津县被农业部、国家旅游局认定为休闲农业乡村旅游示范县。生基村是昭通市2015年四个"省级旅游扶贫示范村"之一，被国务院扶贫办和国家旅游局遴选列入2015年度"乡村旅游公益扶贫规划试点村"。2017年是大花苗迁徙到盐津县生基村一百周年，当地苗族举行了盛大的庆祝活动，上万人从四面八方赶来，花苗同胞、游人旅客、官员学者到场见证了这个重要的时刻。生基村小学发展为全乡教学质量优秀小学，盛大的苗族花山节连续在此举办，老苗文培训、芦笙表演、苗族古歌等文化活动兴盛。生基村正在逐步成为一个文化教育中心，辐射周围村庄的范围日渐扩大，带动居民生计变迁，向小集镇的方向转化。

根据对生基村的实地调查，这个边远少数民族贫困村落，虽然经济贫困问题依然突出，但是社区公共事业发展状况良好，教育和民族文化事业特色突出。

第二章

社区初建：流徙猎耕民族的现代性启蒙

在中国由传统国家向现代民族国家转变过程中，大花苗主动选择融入中国现代化的历程中。从清末民初开始，当地大花苗通过建设苗族垦荒区，组织起来进行"清烟剿匪"，投身民族教育事业，主动融入现代国家体系，他们的身份由"苗民"转向"苗族"，其文化教育水平突飞猛进，衣不果腹、居无定所的极端贫困状态得到改善。

第一节 迁徙：赤贫苗民的生存困境

生基村这个花苗村落的形成经历了数次的迁徙与回流，始终围绕着政治动荡、土地与灾害事件，生存挤压一直是农业社会迁徙的重要原因。

一 百年前大花苗族的生存状况

生基村所在的盐津县因其地处云贵川交界之地，商贸发达，移民是当地居民的主体，据盐津县志记载："自汉武凿石开阁以通南中，汉族即莅县境。蜀汉移民众多，土地开辟，生聚繁荣，经四百五十余年，县掘获多量五铢钱，古物辉煌……清雍正始改土归流，地广人稀，夷多汉少，而谋生较易。所以川、黔、楚、粤、赣、闽之氓先后不谋而至 ……特因地接川疆，文化易进，不论为农为工商都优，能自治自给，故汉族充满于县境地。"[1]

历史上"生基"的苗语名为" Ｊ-〈Ｔ"Ｔ" "（音译：甘都地），实际地域范围超过当前生基村的行政区域。生基区域属于汉族地主和彝族土目的领地，在苗民迁入之前大多是茫茫的原始森林，荒无人烟。苗族在清末迁入盐津县，是当地最晚迁入的族群，根据县志记载："苗族初自贵州迁来，移植最晚。作倮夷之佃户。向来倮夷多不种稻，

---

[1] 云南省盐津县志编纂委员会编《云南省盐津县志（卷十三）》，1994，第310页。

赖苗人纳租供食。苗族勤于耕种，性甚淳良。自改土归流后，始脱倮夷管束。盐津苗族原只少数，居于河西山间，多为佃农。民元后，龙潭、文星两乡毗连绥江边境，为匪窜扰，颇年靡宁，民多远徙，以至土地荒芜。经呈凤山天主堂傅司铎于民国十六年，始招苗民来文星乡之呈凤山，龙潭之龙溪垦殖荒土。来者渐知地土不薄，租佃又易，于是递年陆续加迁，以二十七八九年移苗最多。"①

这段县志明确记载了苗族迁入盐津县生基的情形，生存挤压驱使着大花苗人从贵州迁徙到盐津县内天主教的土地之上进行耕种。由于迁入的苗族在当地生活逐渐好转，加之民国政府允许苗族在此成立垦区自治，承诺不征兵不派款，大批的大花苗族和少量的白苗从贵州和四川迁入。

苗族迁徙的故事始终是社区记忆中最重要的一部分。生基村的苗族通过书写和口传，始终铭记他们的先辈从贵州威宁和云南彝良迁入盐津县的艰难历程。苗族的极端贫困来源于土地制度残酷的剥削和自然灾害，他们在沉重的佃金和苦役盘剥之下，在盗匪的掠夺之下，几乎无立锥之地。苗族迁徙的过程并不像县志描述的那样平和，而是充满了艰辛与痛苦。通过当地苗族对自身和迁徙故事的讲述，可以发现在少数民族史的写作中，迁徙被看作是一种封建国家压迫的结果。

1922 年，贵州威宁县云龙乡苗族的陶有林（陶学成的祖父）、陶合、杨昌和张龙荣四人，从昭通运货到盐津普

---

① 云南省盐津县志编纂委员会编《云南省盐津县志（卷十三）》，1994，第311 页。

洱渡的龙台乡，被莫以戴召来垦荒，住在龙台溪的老厂坪，当时这里天主教做礼拜时指着天大声祷告，颂唱，苗语音为"甘都地"，从威宁迁来的苗族同胞在这里种天主教的地，于是就取名"ꋐꊉꋐꋏ"，这就是生基苗语称谓的由来。也就是说，生基这个地名涵盖的地域范围包括今天龙台等大部分地区。从1930年开始，越来越多的苗族迁入，开辟了二等坪、生基坪等大片土地。生基村地名的汉语与苗语含义不同，汉语地名是坟的名称，目前在生基村境内发现的坟墓有多处，具体指哪一座尚无法考证，但是老人们认为在目前生基社发现的彝族土目坟墓最有可能是生基名称的来源。

二 迁徙的终结与社区定型

历史上苗族迁徙并非一个单向的过程，他们的迁徙因时局变化而巡回往复。1917~1933年，生基地带的马胡、龙溪、三角山、春阳坪、成凤山、二等坪、生基坪、坪头山、木杆沟等连成片的苗族居住区域，共400余户2000余人。[①]

1936年，盐津县县长郎志成将迁居盐津县与绥江县交界边境地区的苗族组成"盐津苗族垦荒区"，垦荒区以生基村为中心，地域东起滩头乡的坪头山，西至普洱镇的黄坪、正沟，南至普洱镇的箭坝，北至文星乡。垦荒区下属

① 杨忠文：《生基村史手稿》，未刊稿。

四个保，任命苗族王兆槐主持垦荒区政务，兼任剿匪大队长负责剿匪、禁烟和修路等。特许垦荒区所辖范围内，不拉兵、不派款。1937 年抗日战争爆发，政府加紧抓兵派款，地方官吏苛捐杂税繁多，地主阶级加剧地租的剥削，巧取豪夺。苗族人民生活极端贫困，当他们听说苗族王兆槐所管辖的垦荒区不拉兵、不派款，种庄稼不用肥料，好找盐巴钱，租种土地三年不交租的利好消息后，纷纷迁入。1940 年，4 个保 71 个甲共 1362 户 9250 人。[①]

政治上的相对稳定使以生基为中心的苗族垦区内的生活得到很大改善。然而，1945~1955 年，苗族垦区领袖王兆槐去世后，自治区治理日益松弛，加之自然灾害频发，苗族逐步回迁原籍定居。

新中国成立之后，因为以户籍制度为代表的城乡社会结构，有效抑制了人口的自发流动和迁移，历史上形成的民族人口格局被用政权与制度固定下来。1950 年 5 月盐津正式解放，解放军进住区一级，初步建立了无产阶级政权。经过 1951 年的清匪反霸，减租减息，1952 年三年的土地改革，农民有了自己的土地。1962 年，土地集中时，生基苗族尚有麻地和小量的饲料地。这个苗族村落逐步成为众多村庄之一、一个以农业为主的村庄。村庄的行政边界、农民的户口居住制、土地分配制度、农产品税收制度，以及交通网等，都将习惯迁徙的苗族进行了重新改造，使这个少数民族村落被按照一个普通农村进行塑造。

第二章

社区初建：流徙猎耕民族的现代性启蒙

---

① 中国人民政治协商会议水富县委员会编《水富文史资料》（第七辑苗族专辑），2015，第 15 页。

第二节 定居：近现代国家的基层治理

生基村的形成过程经历了两次重要的权力结构变迁，第一次是民国时期，在县政府辖制之下的苗族垦荒区；第二次是社会主义新中国成立之后，成为一个具有实体地理边界的行政村，成为县乡村政治体系的末端。

一 民国基层自治和苗族垦荒区

民国时期的社会治理是由政权组织和社会组织共同完成的。辛亥革命之后，中华民国根据西方宪政理论构建起了现代国家权力体系，县是民国时期的地方基层政权机关。县之下的社会组织才是实现地方自治的重要载体。

在少数民族地区，国民政府给予地方组织一定自主权。盐津县志记载："初县长杨文龙编之为特别保，令苗民王兆槐充当保长，以资约束。征兵派款，特准豁免。苗民尚结，御匪亦力，对于政令颇能遵守，禁烟兴学略著成绩。近编四保，划作垦荒区。这些迁居盐津、绥江边界苗民组建'垦荒区'下设保甲……"

苗族垦荒区的权力中心转移到苗族领袖王兆槐及其建立的社区军队和学校之上。这位颇具传奇色彩的苗族领袖生于1885年，逝世于1945年，又名王期同，来自云南省鲁甸县乐红乡白岩脚。1906年，21岁的王兆槐，到石门坎光华学校第一班就读，后因其家境贫寒而辍学回家务农。1920年携妻儿从鲁甸迁大关县天星乡纸厂沟，之后再迁大关县吉利铺，1931年又迁盐津县文星乡二等坪（今属盐津县滩头乡生基村二等社），租北甲地主欧毅夫的土地耕种。王兆槐任职后，严格遵守政令，组织苗汉群众剿匪、禁烟、兴学，并活捉大土匪头目，消灭盘踞在盐津、绥江两县边境的土匪，社会安定，成绩显著，得到盐津县历届县长的赞扬和奖励。为了让垦荒区苗族子弟能读书识字，1941年，在他和几位社区领袖的主持下自筹经费，得到循道公会适当补助，办起了1所中心小学校及4所保国民小学校，鼓励苗族子弟读书。县志评价王兆槐时期苗族人民"团结御匪，遵守政令，禁烟、兴学也略著成绩"。①

图2-1　王兆槐像（生基村赵剑敏根据老人回忆创作）

① 中国人民政治协商会议盐津县委员会：《盐津县文史资料2》，1992，第48页。

1945年农历八月，王兆槐病故，同年农历九月，盐津县县长杨柱民委任其子王复成为垦荒区联络主任，主持垦荒区政务工作。垦荒区的自治没有化解苗民的生存困境，抗日战争爆发之后，地主的剥削和压迫更甚，垦荒区自然环境条件差，遇上灾害，粮食歉收，饥馑难免。民国时期，无地农民负担名目众多，劳役沉重，地租分为实物、货币和劳役地租，佃户和地主一般五五或者四六分成。除了收取租金或者粮食，节庆或者地主家喜丧，佃户需要出钱出力。

为求生存，苗族不得不四处帮工、借贷，以致外迁，如1947~1948年，垦荒区第二、三保约700户苗族无法忍耐压迫、剥削与穷困，迁往四川的马边、雷波、宜宾和昭通地区的大关等县，到1949年，仅剩253户留在垦荒区。

二 新中国社会主义改造和村庄定形

新中国成立之后，苗族垦荒区经历了一系列的社会主义改造，国家对生基村的治理充分体现了社会主义中国对少数民族治理的诸多特点，例如，通过土地改革固定迁徙人口，通过政治改革吸纳少数民族精英进入治理体系，通过教育改革推行主流文化。而这一系列的制度变迁也深深地改变了这个苗族社区内部的结构。在村社内部，权力逐步转移到那些能够在政府中任职的苗族干部身上，他们既能执行新兴国家的政策，又能反映当地苗族的诉求。笔者结合《盐津县志》、《滩头乡志》和《水富文史资料》，梳理生基村由苗族垦荒区转制成为生基村的过程。

1950 年 4 月 5 日，中国人民解放军进驻盐津。1951年滩头取消文兴乡，改为区，废除保甲制，苗族垦荒区被撤销。以原来的保，解改为乡。1952 年，正式建为生基苗族乡，生基乡人民政府设于生基坪，第一任乡长兼农会主席是王富明。

1958 年建人民公社，政社合一，区改为公社，乡改为管理区，生基改为生基苗族管理区。1961 年 5 月公社复称区，管理区改为公社，生基管理区改名为生基人民公社。

1984 年 8 月，公社改为区，大队复改为乡，生基区改为生基乡。1987 年随着体制的改革，乡改为村，生基改为生基村。

新中国成立之后，国家推行民族平等政策，鼓励少数民族参政议政、参与国家管理。1950 年盐津县委书记在第一次农代会上讲党的民族政策，宣布严禁以任何借口和形式夺取苗族耕种的土地。1951 年，盐津县委书记贾鸿斌要求到苗族地区工作的干部，要认真宣传贯彻党的民族政策，加强民族团结，教育农村群众，不许用语言侮辱少数民族。在县、区（乡）领导班子中招收录用苗族干部，教师民转公对苗族给予特殊照顾。在苗族聚居村，基本上是苗族担任党政一把手。政府在研究有关苗族工作时，一般都要充分听取苗族干部和苗族群众的意见和建议。各级政府举办的政策、科研、技术培训班也吸收苗族参加。各级党代会、人民代表大会、政协会议以及其他重要会议，都有一定数量的苗族代表。

图 2-2 20 世纪 80 年代生基村参加县政协会代表

（生基村村委会提供，2017 年 8 月）

对于当地苗族来说，最重要的变革来自土地改革。1952 年土地改革使所有苗族都分得了土地，从根本上解决了苗族的生存条件，因土地问题而迁徙的苗族基本稳定下来。因为政府的民族政策予以倾斜，生基村村民的生活逐步改善。即使是在合作化时期，政府规定："苗族麻地另划（不含自留地）"，苗族习惯喜事、忧事都要宰羊，每户放宽到留 3~5 只等。

1980 年国家实行责任下放，土地承包到户激发了当地人的积极性。生基村村民分到的土地，凡能耕种的都尽最大的力量开垦种粮，就此粮食成倍增加。20 世纪 80 年代以后，每家每户都开始增置了生活用品，在政府的帮助下，当地苗族得以彻底摆脱极端贫困的生活状态。生基村从新中国成立之初苗族人口 500 人，到 1990 年苗族人口增长到 2000 人。

第三节　苗人办学与现代民族教育启蒙

在生基村苗族文化现代化的历程中，他们选择了兴办教育作为族群迈向现代的主要途径。以石门坎为中心的花苗文化社区的崛起，为大花苗族群及其周围的贫困族群提供了学习现代文化的机会。教育成为这个苗族村庄摆脱极端贫困的基础，教育的发展与社区权力机构的变迁密切相关。虽然社区内部的权威组织主导了社区教育发展过程，但是现代教育体系能够建立起来，依靠的主要力量是村民的自愿参与和平等基础上的决策。

一　生基坪社区学校体系

在石门坎学校的《溯源碑》上所写："我们好像未开化的人一样，没有土地……别人看不起，尽笑话我们……"，[①]大花苗没有一个人读过书，20多岁的人还不能数上百位的数，这样悲惨境地催生了苗民强烈的学习愿望和行动。深受压迫和剥削、被贬斥为"晦盲否塞""蠢如鹿豕"大花苗选择了一条完全不同于日常反抗的阶级剥削的路线，也不同于历史上"苗反"的大规模反叛官府的道路。这条非常规的自救路线的核心就是通过文化变革来谋求社会政治和经济地位的改善。该地区花苗族群中出现了庞大的教育

[①]　石门坎：《溯源碑》，转引自张坦《"窄门"前的石门坎——基督教文化与川滇黔边苗族社会》，贵州大学出版社，2009，第293页。

系统，该地区的社会秩序终于得到了改变。

生基苗族垦荒区成立之后，垦荒区权力组织的建立大大增强了社区集体行动能力。盐津县志记载："垦荒区中心国民学校，深溪坪（生基坪），由垦区内苗胞自筹建立，民国 35 年财教年厅核准成立。"[1] 垦荒区有四所保国民学校，民国时期，盐津县借才易地，经费支绌，待遇菲薄，延聘困难。垦荒区能凭借自身之力建立起四所学校令人惊叹。

1936 年，苗民投工投料在杨家湾自建教堂和学校，1940~1949 年垦荒区逐步形成以中心国民学校（生基小学）为中心的社区学校系统，这个系统是如何建立起来的？1941 年，垦荒区苗族户数达 800 余户，人口多达 4000 人，人口急剧增加，已有小学满足不了需求。苗垦区负责人王兆槐要求在垦荒区兴办一所中心小学，并确定垦荒中心完小建在生基坪。石崇德说："生基小学办在这里，你们将出 10 个大学生"，这句话在新中国成立之后成为现实。

随后，垦荒区内其余各保相继成立国民学校三所：二保的杨家湾小学，教师王绍华；三保锣锅坪小学，教师杨天理；四保的初溪小学，教师张凤华。

垦区苗民为了建立这几所学校，不辞劳苦，倾尽所有。据杨忠文老人对于这段历史的记载："选址确定后先修大礼堂，主体结构为串架房子，宽 20 多米，长 30 米，在立架的当天，全垦荒区的强劳力全部参加。房子立起后，忙着赶工，房上上去二百多人盖房，由于上的人多，房子

---

[1]　云南省盐津县志编纂委员会编《云南省盐津县志（卷十三）》，1994，第 175 页。

图2-3　20世纪40年代生基小学示意（生基村赵剑敏根据老人回忆创作）
（生基村村委会提供）

垮度大震动大，摇摆大，导致房屋倒塌，所幸没有死亡。房子倒塌后，只好将这些废木料修了几间权叉房，继续上课。"① 当时，生基小学等四所小学的条件简陋，没有书桌，苗民砍来树木做成板子，栽上木桩，搭上板子做书桌；没有座椅，砍来树条，栽上木叉，搭上树条作坐凳。

　　垦荒区第二、第三、第四保的三所初级小学受生基小学的指导，服从垦荒区的领导。这四所小学是保国民学校，但是并没有得到国民政府的资金扶持，修建资金全部来自石门坎循道公会，当地苗民投工投劳修建；教师工资由教会负责，学生交少许学费，小学生每人交3~5升苞谷（合20~30斤），高小每人交5~8升苞谷（30~50斤），作为教师补贴。

① 　杨忠文:《生基村史手稿》，未刊稿。

生基小学按照民国时期教育部规定的教学大纲进行教学，小学四年级以下教授国语、算术；高小除了国语、算数外，还有历史、地理、自然常识、英文。同时，每周有2~4节的苗文。学校副课有体育、音乐、美术等。每天的科目作业一定要完成，另外每天还要求写一篇大字、一篇日记。学校每晚上都要上一个小时的晚自习方能休息。

数十里甚至百里之外的苗民把自己的子女送来生基小学就读。虽然条件艰苦，但苗族孩子求学积极性很高。他们没有笔，砍来小竹子削尖作笔，没有墨，用木炭作墨。一个作业本子作用有好几个，先写大字，后写小字或作文，做算术。生活上非常艰苦，饱一顿，饿一顿，盖的草房子。他们认真读书，苦学苦练，成绩都很好。期终考试，没有不及格的。学生在生基小学毕业后可以到贵州威宁石门坎读初中，当时1946年第一批进石门坎的中学学生有马朝举、黄学才、林昌品、朱有才，1947年第二批有杨友明、王兴文；第三批有朱正方、杨国明、王正光。首批在生基高小毕业，到石门坎读初中的同学都名列前茅，受到石门坎中学的称赞。

当时在生基学校就读的杨忠文老人回忆生基小学："凡在这里求过学的人，无不怀念它。忆学校的生活，早晚书声琅琅，笑声不断，歌声嘹亮。笑声满园，号声响彻山谷，学生个个满面春光，互相追逐嬉戏，团结友爱，不分彼此，师生就如父子、兄弟、姐妹。同桌读书，互相帮助，求得共同提高。每一个人，各自都有一个最高理想，不怕艰苦，不怕困难，努力学习，提高本领，去实现各自的理想。"[①] 1983 年在生基小学发蒙的杨忠信重返生基学校，回忆起当时这所学校的兴旺情形，写下《对门山上的姑娘》形容当时"只有琅琅书声的相融，不知这是书声还是爱"[②]的读书场景。

生基这个偏僻苦寒之地成为垦荒区的文化中心，学校达到 300 多人，老师增至 5 人。这里歌声不断，到处都是歌声嘹亮，学校专门配有两只军号，每天早晚号声响彻山谷，远在十多里的北甲都能听到。由于教校合一，老师既教书又是传教士。每逢星期日，来自垦荒区信教人穿上漂亮的衣裙，从四面八方云集生基做礼拜，每年的"花山节"都在这里举办，生基一时成了人人向往的地方。

垦荒区教育的勃兴极大地提高了当地人的文化教育水平。1917~1949 年入境苗族 95% 以上都是文盲，连垦荒区负责人王兆槐同样只读过三年级，20 世纪 30 年代初入境苗族极少数具有小学文化。从 1936 年开办杨家湾小学发展到有四所保国民学校，生基开始培育自己的人才，短短十余年时间接受小学教育的儿童人数达到 500 人以上。

二 苗族社区的文化主体性初建

大花苗由于生活在艰苦的社会和自然环境中，他们勤劳坚韧，内部团结互助，以村寨的形式聚居，各个姓之间建立婚姻关系，同族泛称亲戚，有互相帮助的义务。串亲

---

① 杨忠文：《生基村史手稿》，未刊稿。
② 杨忠信：《八十岁里的岁月诗话》，2013，未刊稿。

戚是苗族社会内部强有力的联系纽带，即使分布分散，他们也会通过各种婚丧嫁娶活动及在节庆和农闲的时候聚会。亲戚之间会热情款待，离开时会相送盘缠和食物。这些传统现在以各种方式延续下来。

历史上，苗族由于没有形成集权国家的政治体制，整个族群长期处于"无君长，不相统属"的政治分离状态。这是因为在非集权政治体制下社会中的人际互动模式更崇尚自由与平等。这就是说，习惯了非集权政治生态下的族群，通常不愿意主动融入集权政治体制的国家体系中。正是这种崇尚自由平等、逃避被奴役与被盘剥的"文化人格"，形塑了苗族迁徙命运的悲壮。[1] 因此，迁徙成为苗族自我认知与感受外界的"母题"，它既出现在现实生活当中，同时又作为一种集体的历史心态存在下来，支配着人们对于世界的想象。

在国家现代化的进程中，大花苗社会的权力和文化特征也发生了改变，文化碰撞与交流开始新一轮的文化变迁以适应新的社会环境。19 世纪末基督教传入，大花苗社群内部的权力关系发生了改变，花苗社区传统上以性别与年龄为基础的平等社会组织被阶序化的教会行政领导权威所取代。在这之前分散的村落之间基于亲属纽带的松散联系被跨村落与区域性的教会组织所强化。教会、学校和垦荒区保甲这三个组织是花苗社区的中心权力机构，而且内部人员之间互相重叠和流动，因此，这三者之间协力完成了

① 麻勇恒：《敬畏：苗族神判中的生命伦理》，民族出版社，2016，第 34 页。

一系列的社区公共活动。

现代教育的勃兴保证了社区权力组织的延续和社区苗族精英的向上流动。新中国成立之后，政府接管了苗族垦荒区的学校。这一时期虽然政治运动激烈，部分苗族干部受到冲击，但是，生基村以教师和村干部为主体的苗族精英群体并没有受到大范围的波及。生基村作为盐津县仅有的两个少数民族聚居村落，当地政府对于其政策较为宽松，而社区精英也能为社区争取到当地政府民族政策上的倾斜。

苗族垦荒区的学校被政府接管之后，逐步开始与当地教育系统对接，学校校长和教师仍然以本地培养的苗族为主。

图2-4　生基完全小学旧址

1965年7月学校和政府同时从生基坪迁到坪头，生基保留一所初小，配备一名教师。当时搬迁是由群众投工投劳从老生基把学校木料搬运到坪头重建新校区，石头是由群众投工投劳用滑板搬运到学校，政府补贴匠人工资和部分资金。生基的坪头逐步成为新的教育和行政中心。

国家的民族政策调整为生基村苗族提供了各种机会实现向上的阶层流动。20世纪50年代初，生基村小学毕业的学生，先后都参军，参加工作，1951年毕业后的学生都送昭通师范和省民族师范深造。这批学生于1957年先后毕业回到生基，成为本地的教师和干部，盐津县、区、乡三级政府都有生基村的干部任职。杨忠文老师撰写的村史中收集了这一批教师和干部的信息，以供参考。

表2-1　20世纪50年代之后参加中国人民解放军的青年

籍贯	参加人姓名	人数（人）
二等	陶XW、陶XD、陶XY、陶JG	4
生基	马DX、吴JH、杨HZ、杨ZF、马MD	5
青杠	杨ZW、张HQ、陶SL	3
核桃	安DL、王XG、吴JM	3
安家	王JL、王DW、杨GX、韩JL	4
高田	杨HL、朱ZD、朱ZX	3
本风	杨DX	1
三等	吴JZ、王GL、王GQ、朱ZH	4
坪头	朱ZH、朱ZL、朱YC、朱ZL、朱ZM	5
合计		32

资料来源：精准扶贫精准脱贫百村调研生基村调研。

说明：本书统计表，除特殊标注，均来自生基村调研。

生基坪中心完小1944~1965年启蒙于这里和就读于这里后再进入中、高级学校深造而走向各级政府部门的学生统计（以小队统计）如表2-3所示。

表 2-2　曾经在生基学校就读进入大学和师范院校的苗族子弟

姓名	性别	教育经历	工作
陶 WC	男	云南工学院毕业	重庆工作
王 ZG	男	云大师范毕业	县中学教师
张 FR	男	昆明民族学院毕业	乡中学校长
杨 SX	男	昆明民族学院毕业	—
李 BZ	男	昆明民族学院毕业	县政府
李 BL	男	昭通中师毕业	乡中心校校长
朱 MX	男	昭通中师毕业	村教师
安 YH	男	云南民族师范毕业	村教师
张 DC	男	昭通中师毕业	村教师
王 XZ	男	昭通中师毕业	村教师
韩 JH	男	昭通中师毕业	村教师
韩 WH	男	昭通中师毕业	村教师
张 DL	男	昭通中师毕业	村教师

表 2-3　曾经在生基学校接受过教育的公职人员

姓名	性别	教育经历	工作
黄 XC	男	初中	云南公务员（职务不详）
杨 ZL	男	高中	县文化馆职工
杨 YM	男	初中	医生
杨 YM	女	小学	医生
王 XW	男	初中	县民宗局局长
韩 YG	男	初中	乡公务员
杨 ZW	男	小学	乡武装部部长
赵 YM	男	初中	乡副乡长
向 BH	男	初中	乡政府工作人员
朱 ML	男	初中	县兽医站职工
王 CM	男	小学	村大队文书
陶 YG	男	初中	镇银行行长
杨 GM	男	小学	供销社职工
张 LG	男	初中	县民宗局办公室主任
张 HR	男	初中	县民委办公室
林 SZ	男	初中	县民委
朱 ZM	男	小学	县公安局
张 FH	男	盐津简师毕业	县副县长

姓名	性别	教育经历	工作
杨 SZ	男	大学	县第一中学校长
杨 ZW	男	中专	乡武装部部长
张 XF	男	—	腾冲林业局
朱 WQ	男	小学	乡武装部副部长
王 XG	男	小学	供销社职工
朱 ZH	男	初中	乡副区长
王 ZW	男	初中	小学老师
杨 YG	男	初中	小学校长
朱 MX	男	中师	小学教师
张 MY	女	初中	小学教师
林 CP	男	初中	小学教师
王 WD	男	小学	区武装部参谋
王 XG	男	初中	区派出所
王 WG	男	中师	教师
张 RJ	男	小学	乡办公室主任
陶 XC	男	初小	乡粮所
盛 QL	男	高中	县法院院长
朱 YC	男	初中	县人民银行行长
杨 ZX	男	贵阳师范学院毕业	县教育局局长

注：1958 年，接近解放，迁回原籍的占一半以上的学生，无法知道这些同学的工作情况。

可以看到，生基苗族在极端贫困与饱受压迫的境况中，在外部资源极其有限的情况下，深度发掘社区内部资源，发展教育，改善苗族社区状况，并在新政治体制中实现了向上的流动。一部分在外地接受教育的苗族知识青年返回社区，他们或者成为教师，或者成为社区行政领袖，推动这个苗族社区的现代化进程。而从生基村走出的干部，也能够从外部争取资源改善社区状况，这一点在后文中会详细陈述。社区内部成员之间，在平等的基础上，主动或者被动地参与社区教育事业的发展，推动了社区文化主体性的建构，取得了超常规的社区发展成就。

社区曲折发展：扶贫开发与教育立村

新中国成立后，国家通过土地改革固定迁徙人口，通过政治改革吸纳少数民族精英进入治理体系，通过教育改革推行主流文化等，这一系列的制度变迁深刻地改变了这个苗族社区内部对于公共事务的参与模式。随着外部资源的进入，社区内部主要公共事务由政府主导、社区文化精英主持。修路修桥、社区企业等事业的兴办过程呈现权力型公共性的建构过程。

第一节　国家救济与扶持

一　国家救济的基层运作逻辑

在中国基层社会的脱贫历程中，政府始终是扶贫最重要的主体，不同时段政府秉持的关于贫困的理念，造就了不同时期的扶贫措施。政府和民间对此形成了诸多的共识，也存在同样多的分歧。本部分重点陈述政府的视角，从宏观层面呈现生基村所处县区的扶贫历程、贫困结构变迁，同时厘清生基村扶贫观念和方式的演变过程。

在新中国成立之后，少数民族的贫困被构建为一种民族落后论，这种观点认为民族地区社会发展缓慢，生产力水平低下，有原始公社制、奴隶制、封建制等多种社会经济形态，文化教育落后。为了实现这些少数民族向社会主义的跨越，国家要实行土地改革、农业合作化运动、公社化等措施。

这一时期地方政府的主要工作是执行中央的政策，对少数民族地区进行社会主义改造，首先是对于少数民族干部的培养。从 1951 年开始，盐津县着手抓苗族干部的选拔培训工作，在农村吸收少数民族干部 9 人参加了减租退押、土地改革；1953 年，先后选送到中央民族学院、云南民族学院培训的干部有 23 人；1981 年后，送地委和县委办党政干部、财贸干部培训学习，结业后统一安排工作 59 人；1988 年推荐成人高考读大学的干部有 6 人；1989 年实有苗族干部214人，已退休55人。

1953年，盐津县政府为生基乡76%的农户发放救济款591元，户均5.4元。1956年农业合作化时期，盐津县派工作组召开86人参加的苗族代表会，给62户困难户扶持资金572元。同年，县政府组织高寒山区工作委员会，深入民族地区，组织发展生产；1972年县政府购买碾米机、磨面机和粉碎机各三件发给生基、三角和大坪生产队。1977年，县政府拨款8000元修整生基周边人行险道三条，长11公里；后修水泥桥2座，便道35公里。

改革开放之后，土地下放，农民生产积极性增强，家庭大多达到温饱水平。政府对少数民族地区，除了在公共设施建设上的支持，也通过减免征购粮食，推广科技种植等方式来推动少数民族地区摆脱绝对贫困。1980年，对生基、大坪和三角大队及99个民族聚居的社的"一至五年"征购粮食基数11482公斤，实行全免照顾。1981年每户划增麻地1~3分。

1982年，县民族事务委员会成立之后，先后拨款30余万元扶持发展民族地区经济。这些资金被用于向生基村和大生基村等有少数民族聚居的村落推广新的粮食品种和种植方式，当时的政策是对于薄膜育秧补助15元每亩，蒸汽育秧大田补助15元每亩，地膜苞谷补助18元每亩，苞谷定向移栽每亩补助4元。1984年为生基赊销棉布873米。1986年省拨专款20万元，架通生基和大坪两村输电线，为占总户数（474户）76.79%的村民点上了灯。1989

年给生基和大坪周转资金 9000 元，增供化肥 70 吨。[①]

1988~1990 年，民委、民政局为生基苗族村解决籽种、化肥、薄膜，推广地膜苞谷、蒸汽育秧等农技措施。该村1989 年粮食人均比上年增 10.9%，经济收入人均增 25.6%。1992 年 8 月，县政府协调民委、县委政研室共同调查了生基苗族村经济发展的历史与现状、有利条件与不利因素，提出今后发展的 8 条措施，得到了认可，引起了县、乡党政和有关部门的重视，并加强了对该村的指导和支持。[②]

同时，政府对民族地区的卫生、教育等公共事业加以支持；1956 年修建生基、大坪和三角三个医疗室；1981年拨款 7500 元培修生基、大坪医疗室；拨款 10000 元为开办费，将生基村医疗室扩建为卫生所。1989 年医治13000 人次，体检 400 余人，治好了 21 人的疾病。

这些对于少数民族地区和偏远贫困地区的特殊照顾的政策，一直是当地政府推行发展政策的重要考量，直到现在这种倾向依然存续。救济式治理模式在基层社区的运作过程中，并不需要社区居民以平等的主体身份沟通并且主动地参与。

二 国家扶持：从国营茶园到民营茶厂

生基村自然环境适宜种茶，出产优质茶叶。从 20 世

---

① 云南省盐津县志编纂委员会编《云南省盐津县志（卷十三）》，1994。

② 政协昭通市委员会办公室编《风雨同舟——昭通市纪念人民政协成立 60 周年征文集（1949~2009）》，2009，第 161 页。

纪 50 年代起，政府开始在生基村规划茶园、设立茶业管理机构，使得坪头山茶厂（茶场）成为嵌入这个村庄的一个非常重要的经济组织。坪头山茶场前身曾经是劳改农场，1958 年劳改农场转交当地政府成立公办茶场。

茶厂职工来源：一部分是农民，一部分是机关单位减下来的干部，还有一些招收的是农业中学毕业的学生。最初成立时职工 162 人，加上家属共 300 人左右。1969 年以后，茶厂改为国有坪头山茶厂，归云南省农牧局管辖，后交给昭通地区农牧局管辖。1984 年之后，茶厂由盐津县农牧局管理。

茶厂的茶农身份是茶厂职工，城镇户口。1979 年之后土地下放，茶厂的土地以租赁的方式下放给茶农自主经营，每亩每年 30 元，茶农将茶叶卖给茶厂，茶厂负责回收加工和销售茶叶。经过坪头山茶厂茶农的辛勤耕耘，坪头山茶厂已有茶园 3000 亩。多年来茶农们在这片土地上开垦、种茶、收茶，从清明左右至白露后结束。1982 年，茶厂的效益良好，年收入达到 13 万元。茶厂的职工在生基村来说，是经济条件较好的人群，他们具有城镇户口，并且有较为稳定的收入。

盐津县政府于 2000 年 12 月同意盐津茶叶有限责任公司兼并滩头坪头山国营茶厂，将坪头山茶厂作为名茶开发和精制茶基地。具体方式是取消坪头山茶厂独立法人资格，将其纳入盐津茶叶有限责任公司管理，茶厂原国有资产转入茶叶公司，作为国家资本投入，作为茶叶公司原始股本金，由财政局协助办理相关手续。^① 但是，仅仅四年后，坪头山茶厂开始进入民营化浪潮，由公办转为民办。当时政策的出发点是通过改制，激发企业的积极性，推动坪头山的经济发展。

3000 亩茶厂虽然是政府主导嵌入这个贫困村的非常重要的经济组织，据调查组观察，它的扶贫作用有限，无论是国营化时期还是民营化时期。编制内的茶厂职工有较为稳定的收入，但是本村公共性事务并未因为茶厂的发展而改善。

第二节　国家扶贫开发的基层运作

以承包责任制为中心的农村改革在中国农村的完成，强力促进了中国农村地区的经济发展。这一阶段对缓解贫困起主要作用的是农村土地制度、市场制度和就业制度的改革。虽然这一阶段政府没有设立专门的扶贫组织，但国民经济，特别是农村经济全面增长的直接结果是大批农民摆脱了极端贫困，解决了温饱问题。

---

① 盐津县人民政府:《关于盐津茶叶有限责任公司兼并滩头坪头山国营茶场的决定》(盐政发〔2001〕10 号)。

一 2000年前的扶贫开发

国家层面对于贫困的定义和专门的扶贫行动是在20世纪80年代中期，以1984年9月中共中央、国务院联合发出的《关于帮助贫困地区尽快改变面貌的通知》为标志。中国进入有计划、有组织大规模的开发式扶贫阶段，当时的反贫困战略包括建立专门的扶贫机构，设立专项基金用于贫困地区经济开发，对贫困地区实行优惠政策等。国家确立了国定贫困县，国家主要通过对贫困县各项扶贫资金投入推动扶贫。

在这一阶段，减贫的主要机理仍然是通过经济增长减贫。尽管各个时期扶贫资金的投入重点有所变换，但总体上看，通过项目带动地方的经济发展，并进而达到帮助贫困人口脱贫的目的。以昭通为例，其总结"七五"扶贫工作报告中提到，中央和省投入昭通的扶贫资金11644万元，其中投向大农业40%，投入农村乡镇企业24.6%，投向交通、电力、科教文卫仅35%。可以看到，政府扶贫资金的流向，主要还是用于保障基本的粮食生产以及推动经济组织的发展。

这一时期的扶贫项目起到的效果非常有限。昭通扶贫开发区"七五"扶贫项目共468个，其中倒闭项目5个，效益较差项目67个，合计占总项目的15%。并且，贴息贷款回收率不高，以彝良为例，"七五"期间到期513.45万元，才收回47.125万元，收回数仅占应收回数的9.8%。盐津在1986~1990年的五年间，农民人均纯收入从183元

上升到 193 元，年均增加 2 元，如此低的增长速度，在全国亦属少见。^①

在"七五"期间，盐津县没有进入国家扶持的贫困县名单，因此专项的扶贫资金量很少。1986 年盐津县有 16 个乡被列为贫困乡。1989 年，盐津县农民人均总收入 317 元，人均纯收入 192 元。全年共拨付有偿扶贫资金 5.76 万元，同时利用 1988 年救灾款购买了 100 吨复合肥投入贫困地区农业生产，覆盖 2697 户农民。^②

1991 年盐津县被列为国家扶持县，当年，盐津县成立"盐津县扶贫经济开发办公室"和"盐津县茶桑办公室"，提出在"八五"期间以扶贫工作为中心，以经济建设为重点的口号。^③当年省下达昭通的扶贫贴息贷款指标为 2365 万元，其中盐津县获得 230 万元。盐津县制定了"八五"期间全县发展茶叶、蚕桑、五倍子、竹类、经济林果五个五万亩的规划。到 1991 年底为止，该县共投入蚕桑、茶叶种植及配套茶厂等四个项目贴息贷款 186.5 万元，占当年下达指标的 93.25%。^④

1994 年，盐津县根据昭通地区安排，对贫困乡镇村办农业社和农户及不温饱人口做了调查核实，调查了贫困人口的分布、贫困的主要原因和不温饱人口的数量。1997 年，

---

① 云南省昭通地区地方志编纂委员会：《昭通地区年鉴 1992》，云南民族出版社，1992，第 249 页。

② 云南省昭通地区地方志编纂委员会：《昭通地区年鉴 1990》，云南民族出版社，1991，第 76 页。

③ 云南省昭通地区地方志编纂委员会：《昭通地区年鉴 1992》，云南民族出版社，1992，第 297 页。

④ 云南省昭通地区地方志编纂委员会：《昭通地区年鉴 1992》，云南民族出版社，1992，第 242~243 页。

盐津县又进一步对全区的情况进行了逐户核查，并按照救济、温饱、贫困、脱贫、小康5个类型进行逐户登记和建档立卡，并出台政策保障扶贫项目和资金进村入户。

1995年，盐津县世界银行扶贫贷款项目正式启动，农田水利、教育卫生、绿色产业工程和劳务输出等扶贫项目开始实施，世界银行贷款加上国内配套资金达到9400万元。1996年，滩头等四个乡镇被列为全省扶贫攻坚乡，进一步加大了资金投入力度和工作力度。从1996年起，盐津县开始实行部门包村、干部包户、不脱贫不脱钩的扶贫责任制度。1998年，盐津县开始使用小额扶贫贷款，全年发放贷款280万元。变救济式扶贫为开发式扶贫。但是由于返贫率的存在和其他原因，全县贫困程度依然很深，29600人尚未解决温饱。[①]

虽然在宏观层面上，扶贫资金主要被用于经济开发，但是，贫困村对基础设施的需求迫切，这一时期落到村庄的项目资金大多也用于基础设施建设。作为盐津县的极贫村，生基村在这一阶段获得的扶贫资金主要用于村庄的公共设施项目和集体活动，例如，修路、修村公所、办花山节等。1999年生基村得到昭通地区民政局拨款10万元专款重建村公所，地区民宗局为生基村公路修建拨了4万元专款和重建村公所拨了1万元专款。盐津县交通局为生基公路的修建拨了9万元专款。在地区公安局、盐津县交通局、盐津县滩头乡党委、政府和生基村的共同

---

① 《新中国五十年的昭通》编委会：《新中国五十年的昭通》，中国财政经济出版社，1999，第447页。

努力下，于 1999 年 12 月生基村公路破土动工，经生基村干部群众 90 天辛勤投工投劳，全长 11.4 千米的生基公路修通。

市公安局是生基村挂钩扶贫单位，该单位除了为生基村争取上述项目，还对生基村的一些集体活动给予帮助。1999 年 9 月生基村公所失火，公安局拨付 4100 元到生基村进行慰问，给村公所 5 名干部每人解决了 400 元的行李购置费和 200 元的慰问金，给 4 名教师、2 名医务人员和 1 名计划生育宣传员每人 200 元的慰问金。2000 年 6 月 6 日，欧阳副局长率领 4 名干警参加生基村苗族花山节，赞助 1000 元，见群众在稀泥浆中比赛篮球后，就同县民宗局、体委、教育局、乡政府、村公所干部一起开现场办公会，研究解决了修建生基村小学篮球场的问题，公安局补助 15000 元。[①]

二 整村推进与社区发展

2002 年生基村入选昭通实施 101 个重点村村级规划，试点的 9 个村，每村投资 80 万元；其余 92 个村，每村投资 40 万元，总投资 4400 万元。[②]2003 年，盐津县的 7 个村按照规划完成了拖拉机机道路 23 条 91 千米。10 千伏输电线 2 条 20.6 千亩，水渠 9 条 278 千亩，饮水管道 15 件

[①] 云南省昭通市年鉴编辑委员会编《昭通市年鉴 2001》，云南美术出版社，2001，第 135 页。

[②] 昭通市年鉴编辑委员会编《昭通年鉴（2003）》，德宏民族出版社，2003，第 260 页。

33.6 千亩，小水窖 80 口，河堤 2 座。玉米丰产栽培 73.3 公顷，乌骨鸡 8500 只，畜厩改造 126 户，养猪 300 头，养牛 25 头，茶叶种植 66.7 公顷，培训 1320 人次。[①]2006 年，滩头乡政府争取移动通信公司支持，将移动基站建在生基村。[②]

到了"十一五"期间，随着国家扶贫力度的增大，盐津县得到的扶贫资金增多。五年时间，政府累计投入扶贫资金 17149.19 万元，其中，财政扶贫资金 6499.19 万元，以工代赈资金 770 万元，小额信贷资金 9800 万元（财政贴息 490 万元），其他扶贫资金 80 万元。实施了整村推进项目 243 个，投入财政扶贫资金 3606.5 万元，项目使 1323 村民小组 25597 户 109572 人受益；投资 15517.66 万元进行连片开发；易地开发实施 260 户 1300 人，在 11 个安置点的小规模集中安置，项目共投入无偿资金 650 万元；实施茅草房改造农户 1584 户；小额信贷共投入 9800 万元，平均每年投放贷款 1000 万元以上，财政贴息 490 万元，覆盖 10 个乡镇 78 个村委会 3246 户农户，投向产业为种植业、养殖业、农产品加工业。

以"县为单位、整合资金、整村推进、连片开发"项目完成投资 15517.66 万元，其中，完成中央及省级财政扶贫专项资金 716.06 万元，整合资金 9595.96 万元，群众自筹 5205.64 万元。通过以"县为单位、整合资金、整村推

---

① 昭通市年鉴编辑委员会编《昭通年鉴（2004）》，德宏民族出版社，2004，第 319 页。

② 云南省地方志编纂委员会编纂《云南小康年鉴（2007）》，云南出版集团公司，2007，第 287 页。

进、连片开发"项目的实施，项目区的基础设施得到全面改善。[①]

"十一五"期间，盐津县委、县政府根据昭通市委、市政府提出的"百千万帮扶工程"，制定"161"帮扶工程的具体措施和办法，共有5个省级单位、6个市级单位、73个县级单位对全县60个行政村进行结对帮扶，1319名干部结对帮扶1581户贫困户。省、市、县帮扶单位共投入帮扶资金1860.366万元，其中，单位直接投入614.252万元，捐物折资160.494万元，协调资金1085.62万元，建立帮扶基金349.078万元，举办各类培训班147期9896人次，劳务输出6915人，资助贫困学生3304人。

全县贫困人口从2005年底的15.85万人下降到2009年底的12.18万人，年均递减贫困人口0.9万人（贫困标准调整农民人均纯收入为1196元）。全县农民人均纯收入从2005年底的1248元提高到2009年底的2395元，人均增长1147元；人均粮食从2005年的273公斤增长到2009年的314公斤，人均增长41公斤。

这一时期生基村的基础设施也得到了极大改善，修通通村公路，改进电网，逐步完善通信设施等。自2011年以来，生基村建设项目包括：一是燕生公路硬化，总投资1800万元，解决了生基村民出行的问题；二是生基小学修建，完全按照寄宿制学校规范建设，在全县属于一流村级小学；三是生基村卫生室改建，对卫生室进行加固修缮，

---

① 云南省人民政府扶贫办公室编《云南扶贫开发年鉴（2011）》，云南人民出版社，2013，第113~114页。

增设床位，同时新农合报销比例高于其他汉族地区；四是易地搬迁安置，政府筹集资金加大投入力度，减少自筹资金；五是人畜饮水工程，申报项目支持，解决人畜饮水困难；六是文化广场建设，该广场成为全县村级文化活动场所中面积最大、投入最多的公共建设。

可以看到，随着国家投入的增加，贫困社区在基础设施方面的改善最大。在社区的内部，运行这些项目或者事务的过程中，权限主义型公共性和权力主义型公共性建构过程占据主导。

第三节　逆境中探索教育立村之路

由于交通闭塞，经济贫困，村民与外界的文化交流较少，维持贫困均衡的文化结构趋于固化。教育面临着师资短缺和经费短缺的困境，学校的教育质量垫底。而社区内部的文化组织为了改善自身的困境，挖掘社区内部资源，发展庞大的乡村代课老师队伍，弥补社区发展困境。

一　"代课老师的天下"

虽然生基村曾经有过教育的辉煌历史，和全国其他贫困农村地区一样，作为地处高寒山区的贫困少数民族村落，教育面临着师资短缺和经费短缺的困境。由于农村地区教师待遇普遍偏低、生活艰苦，学校长期招不到足量、合格的公办教师，学校的教育质量一度跌至谷底。外来的老师有多难留下来？生基村坪头小学的安校长告诉笔者两个真实的事情。

事件一，偷偷跑掉的老师：2008年的时候，滩头中心校给生基坪头小学分来两个公办教师，因为生基村还没有通公路，两位老师从滩头乡步行到学校，路上遇到大雨，一路泥泞。坪头小学的校长和原有的老师很高兴，特意在学校杀鸡准备了丰盛的晚餐招待他们。到了第二天，两位老师上了半天的课，趁着学生吃午饭，背着行李偷偷离开了，再也没有回来。

事件二，半途折返的老师：2010年左右，滩头中心校为生基分来一位刚毕业的女大学生，她骑车到了白家村就开始步行，边走边觉得太艰难了，走到半路上没到学校，就到冲天桥那边，原路返回滩头乡了。那时候中心校的老师告诉她，既然她报考了这里的特岗老师，只能去这里，这位大学生就放弃教师的名额了。[1]

这是生基村教育面临的真实处境，外来的老师留不下，公办老师缺口大，学校缺乏建设资金，而少数民族子弟亟须得到基础教育。学校和村民只能挖掘本地的资源，没有校舍，村民投工投劳建设；没有老师，校长选择村里教育程度相对较高，并且热心教育的人担任。由此，生基村形成了覆盖全村各组的民办教学点体系，产生了一个庞

---

[1] 中国社会科学院生基村国情调查组：《国情调查录音资料整理：访问村小校长安XY》，2017。

图 3-1 20 世纪 90 年代的生基村坪头完小
（生基村村委会提供）

大的代课老师队伍。根据 2013 年生基坪头小学制作的生
基村代课教师档案，可查的代课老师达 81 人。这支代课
老师队伍全部由来自生基村内部受过教育的村民担任，他
们有的是村干部，有的是教会执事，前赴后继投入生基村
的教育事业。

表 3-1 生基村不同时期代课老师概况

单位：人，个

时间	代课教师	其中：苗族	其中：汉族	中心完小	教学点
20 世纪 50 年代	1	1	0	1	1
20 世纪 60 年代	3	3	0	1	2
20 世纪 70 年代	17	16	1	1	6
20 世纪 80 年代	13	12	1	1	5
20 世纪 90 年代	22	22	0	1	4
2000~2009 年	26	26	1	1	4
2010~2013 年	13	13	0	1	3

生基村最早的代课老师马 DH 从 1956 年到 1958 年在
生基小学代课，后来由于政府取消民校代课老师而退出课

堂。整个 20 世纪 60 年代，因为生基学校培养的大学生和中师生回归社区教书，代课老师较少。从 70 年代开始，随着生基人口的增长，学龄人口增多，加之政府推行的教育"大跃进"政策，各个村组均开设民校，基本的教学模式是设 1~2 或者 1~3 年级，由一位代课老师负责所有课程，采用复试教学，下面这段访谈记录详细说明了当时的教学方式和教师流动情况。

调查员：回来之后第一个代课的学校是哪一个学校？工作是怎么样的情况？

代课老师 ZR：在坪茶（民校），教一年级，全包干。代课老师都是教一年级，我教了十多年的书，我教了八年一年级，我给他们反映，基本上一年级的书，我不看书都背得到。一年级基本都是思想品德没有上，一般副课不上，只上正课语文、数学。一个星期只有一节体育课，那个时候早上 9 点钟上课，下午 2 点钟放学回家，基本上没有副科，副科是最近这一两年才有品德生活，当时只是有语文、数学。在坪茶小学教一、二、三年级，头一年教一年级，第二年教二年级，只有两个班，是一、二、三年级。今年教一、二年级，明年就教三年级。①

因为民办教师待遇差，教师队伍不稳定，教育经费捉襟见肘，这些民校时办时停（见表 3-2），例如，生基村的核桃民校，曾经 5 办 5 停。

---

① 中国社会科学院生基村国情调查组：《国情调查录音资料整理：生基 ZR 谈代课和易地搬迁》，2017。

表 3-2 生基村小学校概况

校名	办学时间	曾经在此代课老师数	第一任教师
高屋民校	1968~1977，1984~2009	9	陶老师
核桃民校	1971~1975，1976~1977，1986~1987，1991~2006，2007~2010	9	王老师
背风民校	1975~1977	1	杨老师
三等民校	1975~1977	1	王老师
青杠民校	1971~1976	3	张老师
坪茶民校	1975~1977，1981~1991，1997~2000，2005~2010	13	王老师
生基民校	1965~1991，1996~1999，2002~2009	11	王老师
坪头完全小学	1964年至今	34	陶老师

注：调查组根据生基村代课老师补偿档案制作。

代课教师作为编制外的群体，他们工作和生活条件十分艰苦，代课收入常常不足以养活自己（见表 3-3）。根据一份来自滩头乡中心校的代课老师工资档案，笔者选取7 个年份来体现近 30 年的代课老师工资的变化，可以看到，代课老师的工资虽然在逐年上涨，但是基本处在温饱线水平。根据笔者对代课老师的访谈，大部分提到自己在代课的同时，还需要负担很重的劳作，才能维持家庭的生计。81 位代课老师中有 24 位代课老师是因为实在不能维持家庭生活而离开讲台。

"回来在家里面歇了一年，就到这边来代课，具体时间我都记不得了，后来代了两年。我记不得了，我带了一个娃娃，我们那里有一个民办，我在这里代了两年喊我回坪茶去代，在坪茶代了两年左右中间就停了，有点负担重，那个时候工资低，代课工资 80 元"[1]（受访者 ZR）

表 3-3　生基村小学教师工资变化

单位：元 / 月

年份	平均工资	年份	平均工资
1976	24	2007	250
1986	40	2009	520
1997	135	2017	2000
2003	170		

然而，即使在这样艰苦的条件下，当地的代课老师依然对教育投入了巨大的热情。一位代课老师赵义良，1984~1987 年在高屋民校代课，他在重病的情况下依然坚持上课，最终死在了讲台之上，令人惋惜与敬佩。

在 20 世纪 80 年代，云南省为了推动贫困地区发展，为一批民办教师转正。云南省 1985 年为配合贯彻《中共中央关于教育体制改革的决定》，每年安排一定数量的专项劳动指标，将内地高寒山区的 2 万名民办教师逐步转为公办教师。1987 年 3 月，省政府安排 5000 名劳动指标，将一部分经考核合格的中小学民办教师转为公办教师。自此之后 20 年，代课老师转正变得越来越困难。生基村目前有 7 位正式教师，其中 3 位是本村的代课老师通过考试转为正式老师的。他们能够转正，既是因为他们自身在长

---

① 中国社会科学院生基村国情调查组：《国情调查录音资料整理：生基 ZR 谈代课和易地搬迁》，2017。

期的代课过程中对自己技能的磨砺，也得益于市县政府对于民族教育政策的倾斜。代课老师在参加教师考试时，每一年教龄可以增加两分。而这三位老师也成为这个偏远民族小学的中流砥柱。

到 2013 年清退代课老师，生基村各个民校已经撤并，只有中心完小有三位代课老师。县教育部门的政策是，这些代课老师代到 2015 年 12 月 30 日以前，继续代课的这部分老师可以通过学习考取正式老师。如果他不能考取，已经做了补偿，后面这两年就不再做补偿了。在考取正式教师的过程中，代课老师享有加分政策。三位代课老师有一位考取正式教师资格，另外两位因为没有通过而离开学校。

根据国家政策，代课老师可以得到一笔补偿，虽然微薄，但是亦是对他们多年辛劳的肯定。代课老师补偿数额为每年 830 元，累计计算代课时间。生基小学安校长等几位老师为此耗费一年时间，细致地将全村的 80 多位代课老师的资料收集齐全，帮助他们寻找各种证明，让这些为教育奉献的人们得到他们应有的补偿。

虽然在清退代课老师之后，政府开始招聘特岗老师，并且向贫困地区倾斜教育资源，但是这些措施依然不能解决贫困边远山区的师资短缺问题。那些被清退的代课老师，又因为需要重新出现在学校，他们的身份转化为校工，继续代课。例如，生基小学目前有三位校工，都是之前的代课老师。

二　撤点并校

2009 年 3 月，为了教师资源的整合和教学资源的整合，乡中心校开始推行撤点并校。生基村最先撤离的是生基小学，同时还有高屋小学；核桃民校和坪茶民校在 2010 年 9 月撤并。这些教学点撤并之时，学生有十多个人，全部合并到村中心完小。

在撤并这些学校时候，中心完小校长和老师一起去召开群众会，给村民说明政策，并且劝导家长将孩子送到中心完小。几所学生全部撤并到坪头小学，学校实行寄宿制，学生周一到周五在校。原有的代课老师也随之进入坪头小学继续代课。为了照顾这些年幼的孩子，坪头小学的老师们付出了超额的辛劳。当时学校条件还不是很好，但是老师们尽职尽责地照顾这些孩子。

生基村的撤点并校，并没有造成偏远学生的流失或者家庭负担的加重，反而在撤并之后，生基完小整合资源和师资，在教育质量上得到了飞速提升，从 2009 年全乡教育测评倒数第一，到 2016 年学校教育教学质量荣获年度全县同等类别学校一等奖，并且吸引了附近村庄学生到生基坪头学校上学。

一方面，由于当地政府对于民族地区教育的倾斜，例如，生均教育经费的特殊照顾，提高免费午餐标准，招聘懂当地苗语的老师，等等。另一方面，也是因为无论是正式老师还是代课老师，他们都倾注了全部精力，对孩子们悉心照看和教导。

在这个偏远贫困的山区，正是有这样一批老师前赴后继地坚守，让贫困的孩子能够接受教育，得到机会进入更高的学府、学校，获得更好的生活机会。同时，那些受过教育的青年返回村里，成为这个苗族村落发展的推动者。例如，1989年韩金华接任坪头小学第四届校长，在此期间培养的朱老师、两位安老师、马老师、韩老师在高校毕业之后，返回学校，承担教育重任，传承前辈的教育精神。

生基村的全部成员，无论是校长、正式教师还是代课教师，无论是村委会干部还是教会长老，都对生基村教育事业的发展尽心尽力。即使在条件艰难的时期，他们向各级政府和外界组织争取政策和资金支持，挖掘社区内部力量，为当地的苗族子弟改善自身和社区创造了新的可能。

图 3-2　核桃民校　　　　　图 3-3　高屋民校

图 3-4　坪茶民校

第四章

社区的挑战：精准扶贫与村庄发展风险

生基村的发展过程中，虽然经历国家救济、扶持以及扶贫开发的阶段，贫困人口基本摆脱了绝对贫困，但是他们依然缺乏对接市场的能力，面临被边缘化的处境，甚至在社区内部，贫困分布日渐不均衡。精准扶贫机制的建立和运行，在缓解贫困的同时，也带来新的发展风险。外部资源大量进入，一系列新的社区发展问题出现，导致社区文化主体性面临新的挑战。

第一节　精准扶贫机制的运行

在经历了 20 年的扶贫开发之后，农村贫困的总体分布也发生了明显的变化，开发式扶贫创造脱贫机会，但是贫困社区中能够把握这些机会的，往往不是最贫困的人群。精准扶贫开始大规模铺开之后，为生基村发展带来新的机遇与挑战。总体上，生基村的基础设施及公共服务得到了较大改善。

一　精准扶贫政策实施

（一）县政府精准部署

自 2014 年中央提出精准扶贫政策以来，针对如何运用各项精准扶贫措施消除贫困，中央到地方各级政府进行了一系列的实践探索。精准扶贫是通过对贫困户和贫困村的精准识别、精准帮扶、精准管理和精准考核，引导各类扶贫资源优化配置，实现扶贫到村到户，逐步构建一个动态长效的扶贫工作机制。

通过精准识别，盐津全县 2016 年有贫困乡镇 6 个，贫困村 55 个，贫困人口 17571 户 65977 人，贫困发生率 18.5%。自 2017 年 5 月 16 日以来，为彻底解决基础信息不够全面、贫困对象不够精准等问题，按照省市关于实施动态管理的要求，全县抽调 1100 名干部组成工作队，历时 4 个月，对全县 10 个乡镇 87 个村 2602 个村民小组，逐家逐户开展摸底调查和动态管理。确定建档立卡贫困户 14486 户 58613 人，不仅确保全县建档立卡对象更加精准，做到应纳尽纳、应退尽退、应扶尽扶，全面摸清了全县 81693 户农户（334058 人）的收入、住房、教育、卫生、社会保障、务工等情况，为全县经济社会发展相关决策奠定了数据基础。

盐津县按照"精准扶贫、精准脱贫"的总要求，以"三年脱贫攻坚期和两年巩固提升期"战略目标为统领，紧紧围绕全县 3 万余贫困人口、2 个贫困乡镇、19 个贫困行政村脱贫摘帽出列年度目标任务。在精准扶贫的推动下，盐津县政府扶贫的目标和方式更加系统和细化，并且从均衡城乡发展的角度考虑。与之前的扶贫方式和模式相比，盐津县在以下方面进行了改进和探索。

第一，在脱贫目标上，不只是强调贫困人口的经济脱贫，也考虑社会公共服务的可及性和可得性，关注贫困社区的全面发展，例如："贫困行政村'四通四有'：通硬化公路、通电、通卫生自来水、通广播电视及通信，有卫生室、有文化活动场所、有小超市、有学校。特困自然村'五通一有'：通公路、通电、通卫生自来水、通广播电视及通信、通硬化户间道，有文化活动场所"。"贫困户'十有一保障'：有安全住房、有干净卫生水喝、有稳定电用、有学上、有病能医治、有饭吃、有衣穿、有稳定增收的产业、有能致富的技能、有高稳产农田，参加新农保及最低生活保障应保尽保"。

第二，建立精准扶贫识别机制。精准识别程序细化和规范化：户主本人自愿提出书面申请；各行政村或村民小组召开村民代表大会进行民主评议，以户为单位，形成初选名单；由村委会和驻村工作队核实后进行第一次公示，经公示无异议后报乡镇人民政府审核，摸底登记；乡镇人民政府对各村上报的初选名单进行审核，确定全乡（镇）贫困户名单，在各行政村进行第二次公示；乡镇审核的名单经公示无异议后报县扶贫办复审，确定全县贫困户名单，进行公示；统筹安排有关帮扶资源，研究提出对贫困户结对帮扶方案，明确结对帮扶关系和帮扶责任人；由村委会、驻村工作队和帮扶责任人结合贫困户的需求和实际，制定帮扶措施。

为了保障贫困户识别的公平性，规定以下几类人群不列入申请对象范围：不遵纪守法、游手好闲的；家庭成员中有公职人员的；整户外出定居了的；土地常年丢荒或已

图 4-1 2017 年生基村精准扶贫工作办公现场
（滩头乡政府提供）

经全部流转出去的；生产工具价值超过 3 万元的，如有大型客运、货运车辆、推土机、挖掘机等的；家庭成员有公司、企业法人的，在集市上有独立商铺的。

第三，规范贫困退出机制。贫困人口退出执行"一高"标准，即年度贫困户农村常住居民人均可支配收入高于（或等于）当年国家扶贫标准（农民人均纯收入 2300元，2010 年不变价，2014 年标准为 2800 元）。程序：建档立卡贫困户申请（认定）—村委会确定脱贫名单（公示）—村民代表大会评议（告示）—乡镇政府复核验收（公示）—县扶贫开发领导小组审批的公告—公示程序。

贫困村退出执行"一降一高一有"标准，即贫困村贫困发生率下降到 7% 以下，贫困村农村常住居民人均可支配收入增幅高于所在乡镇（此数据以统计局调查核定为准），有集体经济收入。程序：摸底核实—贫困村申请—乡镇复核验收—县级审批的"一公告一公示"程序认定贫困村退出，并报省市备案。

贫困乡退出执行"一降一高"标准，即贫困乡贫困发生率下降到 5% 以下，贫困乡农村常住居民人均可支配收入增幅高于所在县（此数据以统计局调查核定为准）。程序：组织核查—贫困乡申请—县级复核验收—市级审批的"一公告一公示"程序认定贫困乡退出，并报省备案。

贫困县退出执行"一降一高"标准，即贫困县贫困发生率下降到 3% 以下，贫困县农村常住居民人均可支配收入增幅高于全省（此数据以省调查总队调查核定为准）。程序：组织核查—贫困县申请—市级审核验收—省级审批—国家备案的程序认定贫困县退出。

第四，扶贫方式上，通过盘活承包地、山林地和宅基地三大资源，统筹就业、就学、就医三个问题，衔接农村低保、城市低保和养老保险三类保障，建设经营性公司、家庭农场、公共服务站三个场所；实现发展特色农林业脱贫一批、发展劳务经济脱贫一批、资产收益扶贫脱贫一批、社会保障兜底脱贫一批，达到搬迁户搬得出、稳得住、能致富。

为贫困村庄提供同等的公共服务，在水、电、路、房、医、学、保等 7 个方面，对标对表，逐条制定实施方案着力补齐短板。通过全面排查和改造，确保全县所有贫困村通 10 千伏以上的动力电，确保贫困村群众生产生活用水、用电有保障；在实现 94 个贫困村通硬化公路基础上，向国家开发银行贷款 5.5 亿元，在全县所有贫困村内 50 户以上的村民小组实施通路工程，基本建成畅乡通村达组的农村公路网络；成功劝返了 158 名辍学学生，改薄工程项目开工 78 个，开工率 100%，已建成投入使用 71 个，在建 7 个，完成总投资 8837.90 万元，义教均衡发展顺利，通过省市两级验收。紧抓东西协作机遇，启动 14 个村级卫生室标准建设。将符合农村低保条件的建档立卡扶贫人口 100% 纳入农村低保范围；将符合特困供养条件的贫困人口 100% 纳入特困人员救助供养范围；组织建档立卡贫困户家庭成员 100% 参加城乡居民基本医疗保险，符合条件的 100% 参加城乡居民养老保险，着力构建社会保障体系；尤其是聚焦六类应搬尽搬地区，结合盐津实际制定了

10 条标准，并逐乡镇、逐村标注应搬尽搬区域。目前，已启动建设集中安置点 26 个。

制定产业发展规划，因村、因户谋划脱贫产业，扎实发展乌鸡、绿色植物油、竹、花卉苗木、特色蔬菜 5 个传统优势产业，推进"5+N"特色农林产业扶贫。积极支持发展 18 个乡村产业扶贫示范基地（点），确保产业到户项目全覆盖。

创新推出"一改三化五统一"的集体经济发展模式，一改即村集体产权制度改革，三化即公司化运营、股份制改造、多元化发展，五统一即统一注册、统一章程、统一架构、统一挂牌、统一培训。全县 94 个村（社区）均组建了集体经济公司，把握列入全省集体经济发展试点县的机遇，利用省财政划拨的 1000 万元，建立了集体经济组织贷款风险补偿基金；同时整合各类涉农资金 2000 万元，建立产业扶持风险补偿基金，并积极探索新的实践路径，注入新的发展活力。由普洱镇 15 家集体经济公司联合将集镇公交、集镇供水、集镇公共服务等纳入经营管理，实现了按股分红、抱团共赢；牛寨乡龙茶村采取"茶方庄园＋村集体经济公司＋农户"的捆绑式发展模式，在短短一个月内，连片种植优质茶园 3000 亩，3 年后可实现丰产，经加工测算后，村集体经济公司可实现纯收入 60 万元。同时，农户通过茶叶种植和采摘，可实现长期稳定收入。

盐津县探索推广"党总支＋理事会＋集体经济公司＋合作社"的乡村治理现代化模式，突出发挥理事会的作用，引导群众自我管理、自我教育、自我发展、自我脱贫；通过"集体经济公司＋合作社"等新型经营主体的形式，有序组织群众合作开展生产经营活动，推动群众自我发展、自主脱贫，形成"贫困人口跟着能人混，能人跟着党组织干"的局面。

第五，精准扶贫组织上，改造基层组织，强化干部扶贫考核。盐津县规定扶贫领导下沉两级，带头践行"四去一来"工作法，密切党群干群关系。由县脱贫攻坚指挥部负责牵头指导，各行业部门结合自身职能职责，充分分析、研究、运用精准识别摸底调查和动态管理数据成果，按照一覆盖一方案的要求逐一制定实施方案，将安全住房全覆盖、道路硬化全覆盖、兜底保障全覆盖、环境整治全覆盖、技能培训全覆盖、教育扶贫全覆盖、精神扶贫全覆盖、劳动就业全覆盖、利益联结全覆盖、医疗健康全覆盖十个全覆盖分工细化到部门，将责任明确到人，并由牵头部门、脱贫攻坚指挥部办公室、分管常委或副县长、脱贫攻坚领导小组层层把关审核，同时乡镇制定到乡、到村实施方案，村级制定到户到人措施，形成既有分工又有合作的攻坚格局。并认真总结4月全县"百日会战"经验，借助省市"百日行动"和县发动"秋季攻势"，集中精力、集中火力、聚焦重点，拿出"比、学、赶、超"的胆识和气魄大干100天，全力保障各项政策措施落地，覆盖到位。

（二）乡村精细操作

2016年滩头乡20个村15600人率先脱贫，全县贫困

图4-2　昭通市吴副市长、盐津
　　　　县副县长等到生基看望
　　　　挂包贫困户

（滩头乡政府提供）

图4-3　市县领导视察生基村小
　　　　食品安全

（滩头乡政府提供，2017年8月）

图4-4　盐津县委书记李晓在生
　　　　基村调研

（滩头乡政府提供，2017年8月）

图4-5　盐津县委叶副书记、滩
　　　　头乡党委江书记调研安
　　　　置点建设

（滩头乡政府提供）

图4-6　昭通市教育局局长访问
　　　　生基村

（滩头乡政府提供，2017年8月）

图4-7　盐津县委撒副书记带队观
　　　　摩胡家坪易地扶贫安置点

（滩头乡政府提供，2017年8月）

发生率降到14.12%。按照盐津县的减贫计划，2017年豆

沙镇和普洱镇19个村13800人脱贫，2018年中和镇、罗

雁乡和庙坝镇的 11 个村 26431 人脱贫。到 2018 年，建档立卡的 55 个贫困村 21824 贫困户 80135 人全部脱贫，全县脱贫、出列、摘帽。[①]

那么，在乡镇一级，精准扶贫又是如何推行的？滩头乡作为盐津县最先脱贫出列的乡镇，首先围绕"一年脱贫、三年小康"的总体思路，以"六个到村到户"和"六个精准"为总体要求，按照缺什么补什么的原则，着力抓实抓好"八大工程"（见表 4-1），确保 2016 年全乡 1403 户贫困户脱贫、5 个贫困村出列，2018 年全面建成小康社会。

为了保障精准扶贫的进行，滩头乡政府采取以下保障措施：建立了部门包村干部包户工作机制，村级理事会管理机制和"理事会 + 合作社 + 群众"发展机制；建强农村基层组织和提高困难群众综合素质；增加农民增收致富门路和增强村级集体经济造血功能；群众代表评议与上级组织考评扶贫成效。

生基村作为扶贫攻坚的第五作战区，脱贫任务 232 户 869 人，占总人口的 38.66%。由昭通市副市长担任指挥长，滩头乡书记任副指挥长，两位副乡长任副指挥长，县公路养护段工作人员及 6 名乡政府公务人员为队员。在精准扶贫政策的推动下，生基村基础设施和公共服务水平得到较大提升，主要表现在以下几个方面。

通村组道路新修 4 千米，2016 年开工。埂埂上至太平

① 有关数据来源于盐津县人民政府办公室、盐津县精准扶贫攻坚指挥部，2017。

精准扶贫精准脱贫百村调研·生基村卷

表4-1 滩头乡八大工程建设一览

八大工程	项目名称		建设规模	投资概算（万元）	总投资（万元）	资金来源	实施年度
基础设施建设	通村组道路	新建	74.14千米	1162	3422	整乡推进项目1032万元，挂包单位协调130万元	2016
		改建	6千米				
		硬化	16.44千米				
	土地整治		2000亩	2260		部门整合	2017
特色产业发展	砂仁		2000亩	80	545	整乡推进项目545万元，挂包单位协调4.4万元	2016
	油茶		1500亩	75			
	养殖肉牛		600头	300			
	养殖乌鸡		60000羽	60			
	养殖中蜂		3000脾	30			
基本公共服务	设立教育基金		15笔	90	195	整乡推进项目45万元，挂包单位协调60万元，乡镇自筹90万元	2016~2018
	卫生室建设	新建	1个	25			2016
		改建	1个	5			
	新建文化广场		3个	75			
贫困户劳动素质提升	引导性实用技术培训		1665户	25	25	支持配合县开展培训	2016
	专项职业能力培训						
生态环境保护	退耕还林还草		7706.5	987.88	987.88	争取财政补助	2017
资产收益建设	成立村级集体经济		5	50	50	挂包单位协调	2016
基层组织建设	村干部能力建设		全体村干部		27	乡镇自筹	2016~2018
	农村基层党组织建设		39个				
人居环境改善	易地搬迁集中安置		292	7325	11241		2016
	农村危房改造和抗震安居工程		503	3885			2016
	垃圾处理池		5	25.6		乡镇自筹	2017
	垃圾收集房		18	5.4		乡镇自筹	

坝 1.4 千米，2016 年开工。通村组道路硬化，背风社至高田社河沟 1.5 千米，安家社至青杠社 10.26 千米。

特色产业发展工程：全村油茶种植 1000 亩，2016 年开工；全村乌鸡养殖 20000 羽，2016 年开工；全村肉牛养殖 200 头，2016 年开工。

人居环境改善工程：易地扶贫搬迁胡家坪 60 户，2016 年开工；全村农村危房改造 43 户，2016 年开工；村委会附近建垃圾处理池 60 立方米，2017 年开工；全村建垃圾收集房 3 个，2017 年开工。

基本公共服务工程：教育基金 3 笔，2016~2018 年开工。

贫困户劳动素质提升工程：在生基村村委会开展引导性实用技术培训 150 人次，2016 年开工；在生基村村委会开展专项职业能力培训 150 人次，2016 年开工。

生态环境保护工程：全村退耕还林 950 亩，2017 年开工。

资产收益建设工程：村级集体经济，2016 年开工。

基层组织建设工程：村干部能力建设，县内村外 39 人次，2016~2018 年开工。

二　精准扶贫机制的运行风险

调查组以生基村为中心，调查盐津县精准扶贫总体情况，考察各项精准扶贫政策的实际实施情况和社会效果。调查认为精准扶贫政策的推进在很大程度上改变了村庄落

图4-8　滩头乡乡长彭加禄检查指导胡家坪安置点建设

（滩头乡政府提供，2017年8月）

图4-9　市县驻村工作队检查村社公路硬化

（滩头乡政府提供，2017年8月）

图4-10　生基村精准扶贫肉牛、乌鸡养殖培训

（生基村村委会提供，2017年8月）

图4-11　生基映山红乌鸡养殖协会生态放养鸡

（生基村村委会提供，2017年8月）

图4-12　生基村胡家坪易地安置点全景

（生基村村委会提供，2017年8月）

后的面貌，但是，为了达到消除贫困的政策目标，付出的社会代价不容忽视，这关系到贫困治理的可持续性和社会的长治久安。

首先，贫困识别方面，如何选出贫困户？谁来选择？在贫困户的甄选过程中，基层民主评议是一个必不可少的环节，这是基层民众参与扶贫过程的重要机制之一，也是化解基层矛盾的关键程序。但是，在实际的运作过程中，基层政府经常越俎代庖挤压村民评选贫困户的权利。调查组发现，生基村的贫困户最先是由各个社（村民小组）选出，这个名单得到绝大部分村民的认可。但是，贫困户名单到达村两委和乡政府，反复被退回，并要求村庄重新甄选。第一个原因是地方政府出于政绩考核和政策压力，对贫困户实行规模控制和瞄准偏离。第二个原因是因为上层精准扶贫政策政出多门，甚至朝令夕改，贫困户的认定标准时常发生变动。这导致基层政府上报的贫困户名单因为不符合新的贫困识别要求，被退回社区重新填报。

其次，贫困动态管理，为了实行对贫困的精确管理，大数据系统被运用到精准扶贫管理中。但是，大多数的政策没有进行谨慎的论证，忽视基层实际情况，导致基层的数字脱贫现象突出。

干部被捆绑在数字扶贫工作中。贫困管理系统重复、分散，仅在盐津县基层扶贫人员就需要将贫困户的数据录入三个不同的系统——国办系统、省办系统和昭通市的精准扶贫系统。三个数据系统的数据指标虽然略有不同，但是大部分信息重复，基层工作人员为此不堪重负。此外，上级各个部门均有扶贫任务，每个部门都投入大量的资源要求基层填报各种扶贫表格，这一过程变相挤压了扶贫干部帮扶的精力，造成了时间、金钱、资源的浪费。以生基村为例，村两委有7位成员，外加3位扶贫干部，他们在近一两年的扶贫工作中，80%的时间在加班加点做扶贫数据的填报工作。仅从2016年到2017年4月，生基村村干部为每户贫困户填报的表格就已经高达170多张。

数字脱贫现象出现。地方政府针对精准扶贫的检查工作，重视扶贫档案的完整和正确性，审核工作的重心放在扶贫资料和农户实际情况的核对上。同时，在基层实践中，档案的完整性替代脱贫的成效性成为考核的重点，从而忽视了贫困户的具体情况和村庄的资源分配问题。生基村贫困户的脱贫考核，就是考察贫困户是否得到政府的扶贫项目支持，而实际是否因为该项目实现可持续性的脱贫，并不在扶贫工作考核中体现。

再次，扶贫方式虽然大有改进，但是其中一些依然低效。边远贫困地区的产业发展相对滞后，如何发展产业需要政府充分考虑自身角色，并且发挥市场的主体作用。

精准扶贫的过程中，为了解决之前产业不精准的问题，各级政府采取了严格管控产业资金、把控产业发展过程等方式，试图提高产业扶贫资金的经济效率。谁来选择扶贫产业？在扶贫产业的规划过程中，产业扶贫被简化为分解各项产业指标，这些产业由于缺乏社区和市场的支撑，往往成为一次性产业。以盐津县为例，构树产业是国务院扶贫办推行的四大产业之一，盐津县被分配种植 10000 亩构树，而一亩构树可以卖 200~300 元，但是盐津县处于山区，收获一亩构树的运输和人力成本远远高于 300 元，农民没有积极性，最后构树种植项目难以产生经济价值。此类产业扶贫项目非常普遍，生基村的养乌鸡、种核桃等，都面临同样的处境，难以与市场衔接、产生可持续的经济价值，最终只是在政府有补贴的第一年热火朝天，之后销声匿迹，沦为一次性产业。

盐津县探索集体经济体制改革以减少贫困。盐津县尝试通过实行"一改三化五统一"的集体经济发展模式，来帮助贫困村庄脱贫。一改即村集体产权制度改革，三化即公司化运营、股份制改造、多元化发展，五统一即统一注册、统一章程、统一架构、统一挂牌、统一培训。现在全县 94 个村（社区）均组建了集体经济公司，利用省财政划拨的 1000 万元，建立了集体经济组织贷款风险补偿基金；同时整合各类涉农资金 2000 万元，建立产业扶持风险补偿基金。政府扶持贫困户以项目资金入股集体公司，参与分红。调查组考察了另一个试点——龙塘村集体公司，这个公司借助政府的扶贫项目来实现集体经济的发展。在状元米的市场化过程中，政府亲自抓生产、销售各个环节。此试点的成功，是因为政府提供了强大的政府信用作为担保，在各个环节为它保驾护航，政府管理投入成本较高。

最后，扶贫带来的生计风险需要被评估。易地扶贫搬迁是政府推行的主要扶贫方式之一，在实际的运行过程中，出现了搬迁"大跃进"的现象，带来潜在社会后果不容忽视。地方政府强行加码，扩充搬迁指标。对于基层政府来说，强加的指标基本上是很难完成，如果采取强制的动员搬迁措施，基层政府会成为社会矛盾的直接承受方。调查组发现，当地基层很多采取了消极的态度抵制强行加码，实际上这些"消极"行动反而是降低了扶贫政策风险的发生。

债务风险和生计可持续性。在易地搬迁的过程中，政府均有配套产业和社会保障等扶贫措施。调查组看到，盐津县的易地搬迁以就近原则为主，采取"三进一建"安置为主（进县城、进集镇、进现有村庄、建新村）、分散安置为辅的方式（插花安置、投亲靠友安置等其他方式），实施易地扶贫搬迁农民可保留原有耕地，生计可持续的问题并不突出。易地扶贫搬迁造成了贫困人口债务负担。根据政策规定，易地扶贫搬迁的房屋资金，由政府补助一部分，农民自己筹措一部分。搬迁农民向贷款公司申请6万元的住房建设转贷资金，并享受3年的政府贴息补助，3年内农户自行承担2%的年利率，其余部分由政府承担，3年后农户自行还本还息。对于贫困户来说，还款压力很大。根据调查组的调查，目前贫困户能够如期还款的比例不到10%。如何解决贫困户的债务问题，这是当地政府和贷款公司面临的重要挑战。另外，搬迁政策实施的公平性问题存在社会风险。

消除贫困是一项复杂和持久的系统工程，在扶贫的过程中应更关注打破社会不平等的壁垒，降低减贫不可持续性的威胁，增加弱势群体的发展机会。当自上而下的精准扶贫将各级政府、贫困社区和贫困者挤压到有限的时间段共同行动，将政府主导的文化、技术迅速嵌入贫困地区社会生态体系中，扶贫效果是否可持续、扶贫过程是否公平，这些问题涉及贫困人群和贫困社区为此付出的代价，各方主体需要审慎评估这些代价。

第二节　社区农户生计转换的挑战

市场运行、经济快速增长带来城乡之间、农村社区内部的贫富分化，这是普遍存在的现象。随着国家精准扶贫战略的推进，总体上说，无论是绝对贫困人口还是相对贫困人口，数量都在下降。但是，部分贫困人口在一轮脱贫后又可能返回贫困。也有一部分贫困低收入群体在扶贫的过程中始终保持稳定，盐津县这部分人口维持在 7 万 ~10 万人。

表4-2　盐津县贫困人口和贫困标准变迁

单位：元，万人

年份	1994	1999	2005	2007	2009	2012	2016
贫困标准	300	625	924	1067	1196	2300	2300
盐津县贫困人口	25.9	4.7	15.8	8.5	12	12	6.59

资料来源：《昭通市志》和《盐津县志》。

调查组从对盐津县政府主要领导的采访，了解到政府对于当地贫困问题的归因：自然条件、财政基础对本县贫困深度与发展潜力构成硬约束。除了环境条件对于当地经济发展的客观限制，贫困者如何看待扶贫过程、如何参与贫困过程也对脱贫具有重要的影响。

一 村民生计转换

生基村虽然是一个偏远的贫困村落，但是生态的多样性在这里体现得淋漓尽致。村落中有广袤茶园、茂密的森林、肥沃的稻田、贫瘠的梯田坡地以及河流水库。

全村地域面积25.23平方公里，其中耕地面积3015亩、林地面积26000亩、水田705亩，平均海拔1056米。生态多样性和社会变迁造就了村民生计的多样性。生基村村民并不是普通意义上以种地为生的农民，他们的人均耕地面积较小，优良的地块主要分布在安家和坪头两个小组，而生基、核桃、二等和青杠则是被森林覆盖，一些坡地穿插分布其中。在茶厂四个小队及周围小组集中分布着千亩的茶园。

表4-3 生基村各小组概况

项目	安家	青杠	高田	三等	背风	二等	生基	坪头	茶二	茶四	高屋	核桃
林地面积（亩）	3200	3900	2300	2800	2500	2200	2800	2900			2700	1900
耕地面积（亩）	404	400	260	399	282	245	320	343				223

项目	安家	青杠	高田	三等	背风	二等	生基	坪头	茶二	茶四	高屋	核桃
茶园（亩）									520	470	334	
农作物	玉米、稻谷、洋芋	玉米、稻谷、洋芋	玉米、稻谷、洋芋	玉米、稻谷、洋芋	玉米、稻谷、洋芋	玉米、洋芋	玉米、稻谷、洋芋	玉米、稻谷、洋芋	玉米、茶叶	玉米、茶叶	玉米、稻谷、洋芋	玉米、洋芋
农户（户）	56	49	24	49	46	33	42	46	21	21	44	35
人数（人）	246	226	91	186	188	129	186	192	87	89	187	167
劳动力（人）	126	108	45	88	90	60	96	98	46	47	97	87
大学生（人）				2	1		3				1	
中专生（人）	1	1	2	1	2	2	3	2	1	1	2	3
高中生（人）	2	4	2	1	1	1	3	1	1	2	3	1
初中生（人）	12	20	6	8	8	7	5	8	5	8	8	8
外出务工（人）	18	16	10	15	20	18	18	13	9	11	16	11
主要经济来源	务工、茶叶、养殖业、小生意	务工、养殖业	务工、养殖业、茶叶	务工、养殖业、茶叶	务工、养殖业、茶叶	务工、养殖业、经济林果	务工、养殖业、经济林果	务工、小生意	务工、小生意、茶叶	务工、小生意、茶叶	务工、养殖业、茶叶	务工、养殖业、茶叶、经济林果
与村委距离（公里）	0	6	4	4	3	18	9.6	5	2	2	6	11
路	水泥硬化	水泥硬化	水泥硬化	泥路	水泥	泥路	水泥硬化	泥路	泥路	泥路	水泥硬化	山路

"生计"这个术语比"工作""收入"等的内涵更丰富，把关注点从单纯以获得的收入或者达到的消费来衡量的净产出转向实现一种生活所需要的手段。这不仅能更完整地描绘贫困人口生存状态的复杂性，而且更利于理解贫困人口为了生存安全而采取的策略。在将农户生计多样性放在一个具备弹性的农村社会—生态系统中研究后，还需对农户家庭、社区生计活动进行脆弱性、适应性分析。它直接关注人们在追求提高生存质量所需要的收入水平、资产和人们所拥有的选择之间的联系，以及在此基础上创造生存所需收入水平的不同行动。它包括在一定生存环境中，个人处理胁迫和冲击的能力、发现和利用机会的能力。对于外界的负面变化，这些能力不是被动的，而是主动的和适应性的互动。

在改革开放之前，农村的生产活动被禁锢在以生产队为主体的劳动集体中，农户很难对生产要素做出合理的安排，这也是农村生产效率低下的重要原因。改革开放之后，生基村进行了土地和林地的下放，农民的生计也进入"多样性尝试"阶段。根据村里的老人回忆，生基村结束"饿饭"的历史是在土地下放之后 3~5 年。20 世纪 80 年代到 90 年代，虽然生基村地处偏僻，但是市场经济的触角已经延伸到这里，茶厂和周边集市使农民开始通过交换得到种地以外的收入。农民可以自由安排生产和劳动，除了种地之外，一些兼业形式开始出现，例如帮人采茶、马队运输、修建房屋、民间医生、采集野生林果到集市销售等。

随着社会的发展，生基村农户的生计也在逐步发生变化。尤其是进入21世纪之后，家庭实施不同生计策略的能力取决于所拥有的资产状况，生计活动呈现多样性，家庭通过内部成员以及和社区内部相互结合来实现生计策略。

调查组在统计生基村家庭成员收入的时候遇到的一个困难是难以估计真实的收入和支出。问卷设计的基础是以有固定收入和支出的人为理想型构建的，但是偏远地区的农民及其家庭的收入和支出并不能呈现清晰性和稳定性的特征。

以笔者访问的生基村朱ZC家为例，他们家庭耕地2亩，主要种植玉米等喂养牲畜，在开春播种之后，夫妻采春茶贩卖，这一时期春茶价格最好，收入也最高。春茶采摘过后，零星的采集茶叶，农闲时常在周围做一些小工，例如建筑或者帮工。他的六个子女已经成年，五个女儿已经出嫁，每年会给家中一些补贴；一个儿子季节性外出打工6个月左右，如果回到家，就会忙家中活计。近期修建新房成为这个家庭最大的支出，朱ZC和妻子承担更多的责任，即使在夏秋茶叶价值较低时，他们帮工回来也会去采茶以增加收入。他们一家的收入结构在生基村已经相对简单，他们根据家庭需要灵活安排和改变生计活动。

贫困农村农户收入和支出的关系，建立在灵活而流动的基础之上，与那种量入为出的消费观念不同，他们往往以支出来安排自己的收入方式。这种情况在农村广泛存在，例如为了应对婚丧嫁娶、子女上学等，或者意外的疾病灾害债款，农村家庭都需要改变生计安排。这个周期并不是以年或者月为单位，而是以事件的开始和结束，以及其后续的资金债务往来为周期。在贫困农村，农户更多地依赖以自然资源为基础的生产来维持生计，当依靠自然资源生产的产品不足以维持生计时，才会采用其他方式，如进城务工、开办家庭作坊等。

随着生基村公路的完善，以及小集镇的成形，现在生基村部分农民已经逐步发展形成以兼业为主、农业为辅的生计模式。坪头和安家两个安居点，已经有十几家本地商户，而村庄内有从事客运的 4 家，以及从事工程建筑的几家。在农业方面已经有农业专业化的尝试，目前生基村成立了 3 个合作社，成员在 40 人左右。一些村民尝试种植中草药，并且已经取得经济收益，例如村民小陶试种天麻，2017 年销售收入 3000 多元。

面对社会的变迁，生基村村民一直主动寻求生计的转换，然而这转换的过程充满了不确定性。这种不确定性既存在于自然环境之中，也存在于其所处的社会环境之中。

二 贫困线边缘的农户

随着基础设施的完善，贫困社区面临的发展难题逐步得到缓解。而在这个过程中，新的贫困的均衡问题正在形成。与以往的存在某一区域的总体性贫困均衡相比，这种贫困的均衡是建立在社区的分化基础之上的。也就是说，我们能够在这些贫困村庄发现两部分人，一部分能够充分利用国家的扶贫政策发展起来；另外一部分不愿或者被动

卷入扶贫项目，在同样的机会面前，他们因为缺乏与之匹
敌的资源和能力而选择消极应对。

以生基村的胡家坪易地搬迁项目为例，调查组访问青
杠和生基小组的村民注意到，一些有资格参与易地搬迁项
目的村民不愿搬到新修的漂亮房子中去。问及原因，他们
的考虑集中在两个方面。首先，在胡家坪附近没有自己的
耕地，回家种地不便；其次，为了住进这个新房，自己需
要贷款 3 万 ~5 万元，对于贫困家庭来说这笔开销巨大，
并且能否还清他们难以预计。原有的生活虽然收入不高，
但能够维持自己的生活，每年还有结余，对于大多数贫困
家庭来说，这样选择是完全合情合理的。

案例 4-1　马家

马家是生基村生基小组的一个贫困家庭，一家五口
人，老马 49 岁，小学文化，在外打工供三子女读书，妻
子常年在家务农。大女儿大专毕业，没有找到正式工作；
小女儿读中专；儿子 2017 年被云南一所大学少数民族预
科录取，一年支出预算 11600 元。老马每年打工收入 2
万元左右，不够供三人上学，不得不经常向亲戚朋友借
钱，以凑齐学费和生活费。

案例 4-2　安家

安家位于生基村最边远最贫困的村民小组——核桃
组，这个组村民全是苗族，不通"毛路"，手机没有信
号。我们从村委会抵达核桃组需要步行 2 个小时，途中

全部是崎岖的山路。2016年洪灾发生，山路全部被毁，至今未全部恢复。老安是核桃组第一个读到初中的人。但是他因家境贫寒辍学，回到家乡成为一名代课老师，在这个偏远小组的核桃小学坚守数十年。核桃小学被政策性撤并之后，安老师黯然离校。他一度以为交通闭塞的村寨赶马驮运为生，曾经平均每月收入1500元左右。然而，随着乡村交通条件改善，赶马收入日渐下降，一年只有一两个月有人喊去驮运。

安老师家中目前有三个孩子在校读书，经济负担很重。长女和长子刚从技校毕业，还未找到工作。三子在盐津县读高二，每年学费和生活费需要1万元左右，目前有上海的老师每月资助500元生活费。四女在滩头上初三，一年生活费需要4000元左右。小女儿考上昭通市民族中学，在昭通市上学，学费全免，但每月

图4-13　2017年贫困户马家正在准备午饭

图4-14　贫困户安老师一家在门口合影

至少500元的生活费也困扰着这个原本负担沉重的贫困家庭。

案例4-3　老赵家

护林员老赵家是生基村建档立卡贫困户，家在高屋小组。老赵有四个孩子，长子在云南工商学院读大三，长女在县城中学读高中，幼子在滩头乡读初三。由于孩子都在校读书，家里主要靠老赵务农和打工支撑。常年在外打工，老赵身体健康状况不好，最终只能回家养病。政府和民间公益人士对他家进行了帮扶，他2017年成为村里的护林员，每月有700元的补贴，但是这补贴收入只有一年。在昆明读书的长子JF向一位公益人士借款，暂时缓解了他大学读书期间资金上的压力。二女儿JM不久前考上大学，家里为筹措她的学费和生活费也四处

图 4-15 调查员与老赵及妻子在屋前

举债。目前，家中为了几个孩子读书已经欠下近 6 万元的债务。

以上案例中的贫困家庭因为处于特殊时段而丧失了发展的机会。他们的主要特征是，主要劳动力年龄在 40 岁左右，从家庭的生命周期来说，处于家庭负担最重的时候。在大规模精准扶贫过程中，政府的扶贫项目众多，但是很多产业扶贫项目需要贫困户投入资金和技术，而资金和技术正是这些贫困家庭现阶段最缺乏的。虽然可以通过信贷解决部分问题，但是由于家庭信用不足，他们也难以贷到足够的款项。

贫困持续存在的原因，不仅来自客观环境的硬约束，也来自贫困户规避风险的理性选择。在生基村内有相当贫困的家庭，他们的子女已经成人，经济独立甚至可以回馈家庭，父母尚可劳作，这样的家庭是最容易维持原有生活状态的。这种选择并不是外界认为的"懒散"或者"缺乏市场意识"，而是因为转变生计方式面临的风险太大。这是扶贫攻坚中真正艰难的部分，即如何让扶贫政策消除新的贫困均衡，这是一个值得当地政府和扶贫机构反思的问题。

第三节　茶厂改制与茶农维权

生基村茶叶生产有历史传统，坪头山茶厂也是位于生基村的经济组织。前文中提到茶厂经历了国营化到民营化改制过程，而改制实践中既定目标的实现遇到了一些问题。2004 年，在改制大潮中，坪头山茶厂开始由公办转为民办。根据当时的改制文件，改制按照"两终止、一退出、一发展"的原则。[①] 茶厂整体转让，内部重组为民有民营的有限责任公司。盐津茶叶有限责任公司（简称盐津茶叶公司）负责还清债务并负担职工的身份转换费用。在改制时，有职工 98 人，其中，退休 50 人，在职职工 29 人。原坪头山茶厂内招内退 8 人，政策性供养 2 人，临时用工 6 人，长期离岗人员 3 人。公司需安置职工 98 人，共需安

精准扶贫精准脱贫百村调研·生基村卷

① 盐津县企业改革办:《盐津茶叶有限责任公司企业改革方案》，2004。

置费 172.7 万元。

这次改制的目的是，通过改制重组建立现代企业管理制度，把职工的利益与企业的兴衰紧密联系在一起，充分调动股东和广大员工的积极性，立足于名优茶开发，拓展成品茶营销，把盐津优质茶叶品牌做强做大；在县政府涉农部门的支持下，积极参与县城经济发展、农业产业结构调整，以公司为龙头，领办农村茶叶专业合作社，有效促进盐津县茶农增收、企业增效，带动全县茶叶产业健康发展，壮大特色经济产业支柱。

茶叶公司在产品品质上的确优良，但是在与市场的对接中远远落后于盐津另一个主要的茶叶产区——兴隆乡。根据茶厂负责人的总结，盐津茶叶公司的产品主要针对政府部门，作为礼品销售。而这些机构对于礼品茶叶的需求逐年下降，导致茶叶公司的效益年年下降，收的茶叶量也日渐减少，收茶时间也逐步缩短为 1 个月。

而茶厂和茶农的矛盾也因此逐步凸显。而两者之间矛盾焦点却不是茶叶减收带来的损失，而是更为关键的土地问题。茶叶公司经营茶叶效益日渐下降，而随着生基村道路的打通，以及小集镇建设，主干道旁边的土地日益升值。茶厂开始转向经营土地，并计划将土地集体承租给外来的公司，而这一举措将两者矛盾彻底激化。

茶农虽然身份上是城镇人口，但是实际的职业身份是农民，一部分较为贫困的茶农以经营茶园为生，而另一部分富裕的茶农则看重茶园土地的价值和未来发展的前景。虽然两者目的不同，但是对于土地的诉求是共同的。这也使他们能够联合起来抵制茶厂的土地经营行为，最终使之暂停。

茶厂与茶农的矛盾仍然存在，处于僵持状态。在这种状态之下，茶农没有土地无法专心经营，坪头山的茶叶产业也处于萧条的境地。坪头山茶厂在改制及其遗留土地问题上引发的矛盾，影响着社区未来经济发展的走向。

第五章

社区文化主体性的重建：再建文化中心

生基村呈现的社区自治和发展能力令人印象深刻。这个边远苗族村落百年的发展历程，凝聚着国家和少数族群共同面向现代化变迁所做的努力。2017 年是大花苗迁徙到盐津县生基村一百周年，当地苗族举行了盛大的庆祝活动，上万人从四面八方赶来，花苗同胞、游人旅客、官员学者到场见证这个重要的时刻。生基村村小发展为全乡教学质量优秀小学，盛大的苗族花山节连续在此举办，老苗文培训、芦笙表演、苗族古歌等文化活动兴盛。生基村正在逐步成为一个文化教育中心，辐射周围村庄范围日渐扩大，带动居民生计变迁，向小集镇的方向转化。在这个过程中，可以看到，社区公共性的建构过程中。

第一节　社区自治能力建设：精英与流动

社区自治能力不仅仅来源于文化的传承，更重要的是文化组织与文化精英的成长。新中国成立之后，教会和学校得以保留，但是力量被削弱。一批社区中的知识分子走出社区成为国家的干部，这些干部在苗族社区中具有很高的地位。经历一系列的政治动荡，教会一度消失。改革开放之后，随着宗教秩序恢复，学校不断完善。这三个组织——学校、教会和村委会，再一次成为社区发展的关键性组织。

本节关注的是社区组织和社区精英之间的关系，探讨社区内部结构以及精英的内部流动如何抑制"营利性经纪人"的产生，将社区精英引导到为社区公共利益考虑的位置。社区内部组织之间的合作与制衡关系抑制了社区中"营利性经纪人"的产生，为社区的自治奠定了基础。关于中国乡村社会精英，费孝通、梁漱溟、孔飞力等强调乡村社会精英的内生性与相对独立性；而秦晖等则强调乡村社会精英的外生性与依附性。新中国成立之后，乡村治理方面的主流观点认为，农村精英群体都是国家政权不得不倚重的主要政治力量，他们是政府管理与统治乡村社会的"合谋者"。这样的论断是在"国家—精英—民众"所构成的三层关系中探讨均衡关系的维系。

笔者认为，上述观点并不对立，农村社区精英究竟是相对独立还是依附，并不仅取决于农村固有的文化特征，更重要的是取决于他们与关联的社会结构之间的关系对其的约束。本书中生基村的个案，以探寻本地精英所处的微观环境对其行动的影响来说明这个问题。

一 村庄内三个组织

生基村内有三个相对独立又相互依赖的组织：村委会、教会和学校。这三个组织属于不同的体系，与社区外的组织系统形成隶属关系。在社区开展活动时，它们又必须互相依靠、合作。村庄发展的重大决策需要三个组织相互协调和协商。而这三个组织的边界相对开放，内部精英流动频繁。

（一）村三委

生基村的行政组织为村三委：村委会、村党支部、村监委会。村委会负责人包括村主任、副主任和文书；村党支部负责人是村支书、副支书；村监委会设主任和委员。根据工作需要，由乡政府聘用一名计生专干和一名治安管理员。行政组织意义上享受政府补贴的共 9 人。此外，为了推行精准扶贫工作，县乡两级的挂钩单位派驻 2~3 名驻村干部和村三委共同组成村扶贫工作队。

从制度设计上来说，村三委之间的关系应当是：村民委员会由村民直接选举产生，履行村民自我管理、自我教育、自我服务的职能；村党支部是本村各种组织和各项工作的领导核心，贯彻执行党的路线方针政策，讨论决定本村经济建设和社会发展中的重要问题。村监委会在村党组织的领导下，由村民代表会议民主选举产生，实行村民自我管理、自我监督；组织协调村民代表会议依法监督村委会执行党的路线、方针、政策和决议以及村经济社会事业的发展情况等。须由村委会、村民会议或集体经济组织决定的事情，由村委会、村民会议或集体经济组织依照法律和有关规定决定。

然而，在生基村三委实际的运作中，互相之间的职责并非泾渭分明。随着国家治理的技术化，村三委的成员日益年轻化和专业化。例如现生基村村支书是中专毕业，村主任为大专毕业，村委会成员最低学历是高中。

而上述这种转变与国家与农村的关系转变密切相关。近十年来，随着公共财政向贫困地区倾斜，为了向农村社区输送资源，基层社会的治理形态和治理手段都发生了历史性的变化。给予型国家治理形态中，如何提升信息能力，以便对治理过程和结果进行全面而系统的监管与掌控就至关重要。为了强化自上而下的信息收集能力，农村基层组织队伍也因此被逐步改造。乡镇政府在决定村庄领袖

图 5-1　2018 年生基村村委会办公楼

图 5-2　2001 年修建的村委会办公楼，现村卫生室

时，更加倾向于能够操作各种数据信息的知识青年，而老一辈的村干部因为无法适应数据化和专业化要求而逐步离开岗位。尤其是在精准扶贫的过程中，基层政府对于数据的追求更是导致村基层人员发生根本性变化。

（二）生基教会

生基教会是社区内影响最广的组织，也是盐津县内唯一的合法的基督教场所，包括生基教堂和两个聚会点，影响范围超出了生基村的行政区域，延伸到北甲村、串丝乡麦子坝、大水洞以及普洱镇龙台村以河口的几个寨子。现有信徒 1000 人左右，已受洗 600 多人。

20 世纪 70 年代初，生基村的信教家庭只有五户，1979 年党的十一届三中全会以后，宗教政策开放。1981 年朱正德到昭通学习党的宗教政策，并于 1985 年成为昭通年会正式承认的副牧师。基督教在生基村迅速传播，1989 年信徒已经达到 100 人，这些教徒投工投劳，在 1990 年修建生基教会第一所占地 200 平方米的串架瓦房教堂。

生基教堂于 1997 年被盐津县宗教局批准为合法宗教活动场所，以堂带点（河口、核桃）朱正德牧师为法人代表。生基教堂的修建逐步发展为社区的重要事件。2015 年 10 月新教堂的修建费用，当地政府出了 3 万元，县宗教局出了 3 万元，其余都是教徒和非教徒捐赠，其中包括乡干部、村干部、学校老师、茶厂职工等，他们出资出力。生基教会管辖一堂两点——核桃、河口聚会点。

图 5-3 宗教政策开放后的生基村第一批信徒合影
（生基教会提供）

生基教会形成了非常完善的管理制度和组织构架。由教务组和管理组共同主持教会活动，财务与保卫组制度健全。生基教堂共 23 名教职人员，具体负责教务的是杨文华长老。

生基教会在社区中不仅仅是一个宗教组织，还承担了诸多的公共服务职能，关照社区成员的生老病死和婚丧嫁娶。生基教会鼓励并推荐青年外出深造，吴 CX 考入云南神学院，于 2005 年考入四川神学院进行本科造就，2007 年毕业后在泸州市基督教综合培训中心担任教务主管，2008 年进入昆明市三一国际礼拜堂事奉，2015 年正式回生基教会牧养；朱 SH 于 2004 年就读云南神学院，现任村委会监委会主任；等等；在昭通圣经班毕业的有王 YL、马 WJ、吴 YX，不间断参加过培训的还有杨 WH、朱 XG、杨 FX、杨 JY 等十几位村民。

教会多年来积极推动社区内的公益事业，热心于社会事业，并能及时回应社区需求。例如，为遭受突发灾害的村民筹集物资；组织教徒修复因洪灾损毁的道路，等等。

生基教会时常帮助推行政府政策，参与社区扶贫。例如，在教堂宣传计划生育、开科技培训会。1983年政府在生基开展良种种植的推广，教会成员带头试种，慢慢消除村民的疑虑，使整个村庄的品种改良工作顺利开展。同时，在一些新的产业和领域，教会成员都是积极的领头人，例如朱正德牧师试种药材九重楼，陶文德执事把天麻引进生基，等等。

图5-4　2016年生基教会组织修复因洪灾损毁的道路
（生基教会提供）

另外，生基村教会能够在社区之外争取到资源，帮助社区发展。教会负责人作为基督教代表，从1997年当上政协委员，就提案关于燕子坡到生基的公路，第一次没有效，第二次、第三次……到最后县政府告诉他从燕子坡到生基的路要启动了，他依然坚持在当年的提案最后写了一句话："从燕子坡到坪头山，我们有一条畅通无阻的路，这是生基人民的发展路，生命路。"[1] 并且，生基教会每年组

---

[1]　中国社会科学院生基村国情调查组：《国情调查录音资料整理：生基教会牧师朱ZD访谈》，2017。

织多次与外地教会的交流互访活动，成为社区与外界沟通的信息集散地。

（三）生基村小学

生基坪头完小现在有教师 12 人、学生 230 人，接受滩头乡中心校的管理和指导。教师工资由县财政直接拨付，校长是本村苗族，正式教师 12 人，代课老师 3 名，本村苗族教师占比 1/2。正式教师 2016 年的月工资已经达到 4500 元，远远超出村民人均年收入 3000 元左右的收入水平，教师们在社区的经济和社会地位较高。他们争取到了很多资助本地学生的项目和资金，加之教学质量迅速攀升，在村民中的权威逐步提升。

图 5-5　河口集会点

图 5-6　核桃聚会点

当地政府 2001 年投资约 90 万元重建教学楼、教师宿舍综合楼。盐津县政府 2012 年投资 500 余万元启动重建坪头小学，2014 年 6 月竣工投入使用，这样就在生基村建成了一所全寄宿制封闭式管理学校。2015 年 8 月，村内苗族老

图 5-7　2016 年生基坪头小学

（坪头小学提供，下图同）

图 5-8　生基坪头完小老学校课堂

图 5-9　生基坪头完小新教室

图 5-10　生基坪头完小老学校
学生宿舍

图 5-11　生基坪头完小新学生
宿舍

图 5-12　生基坪头完小老学校学
生课间

图 5-13　生基坪头完小学生休息
时间活动

图 5-14　生基坪头完小老学校
食堂

图 5-15　生基坪头完小新学校
食堂

师马文军担任坪头小学第七任校长。

生基村教师群体是社区中文化水平最高的人群，他们在生基村的各种活动中承担重要职责，例如监督安居工程建设、村委会投票，等等。生基小学在社区中居重要地位，是社区所有公共活动中不可或缺的一环。尤其是对于生基苗族来说，学校是本村文化活动的核心，最为重要的苗族五月花山节，离开学校的参与几乎不可能实现。

二　社区内精英流动与能力建设

社区精英是社区组织运转的核心。通过对于村委会、教会和学校三个社区组织的梳理，调查组发现它们呈现以下三个特征。

第一，三者之间互不相属，职责和功能有显著区分。村委会是国家在基层的行政组织，承接政府的主要公共服务资源；学校是教育组织，接受教育部门管辖；教会是宗教组织，接受民宗部门和基督教两会的指导。

第二，三个组织均有较强的社区动员能力和组织能力。

村委会的动员能力和组织能力主要来源于其正式的国家权威的承认，虽然法律定义其为自治组织，但是在村民的心目中，这些村委会成员依然是国家干部。而教会的动员能力在于其是一个情感和价值的共同体，成员作为共同体的一员遵从教会的号召。而学校在社区中的动员能力，不仅因为它是大部分村民发蒙之地，而且因为学校是所有家庭期望得到社会地位上升的必然通道，教师在社区中享有很高的社会声望。

第三，三个组织在社区之外有较强的资源汲取能力。这一点是非常重要的，村委会除了日常承接国家资源，例如低保、救济等，还能够根据村民的需求，向上级机关争取特殊的政策和项目；教会与外部的教会和教友交流密切，外部宗教团体和组织经常通过生基教会为村民提供帮助；而学校则在教育系统中争取了较多的民族政策倾斜。

虽然这三个组织互不相属，但是相互之间并不封闭。笔者观察到，组织之间存在人员流动。下面以几位重要的社区精英的流动为例：

SC，现村支书，曾是生基小学的代课老师；

CX，现生基教会执事，曾是生基小学代课老师；

SH，现生基村监委会主任，曾是教会干事；

XD，现教会长老，曾是村主任；

RG，现生基小学代课老师，曾是村主任；

ZR，现村副支书，曾是代课教师、村社组长。

可以看到，这几位重要的社区精英在村委会、学校和教会之间流动，而且这种流动是双向的。根据笔者对于这些人员的访谈，从个人的角度来讲，他们的流动是对于自身职业的一种选择，但是这种选择的基础是三个组织之间的开放性。而精英之间的流动，也让他们互相之间熟悉彼此的运作模式，对于三个组织间的沟通起到了促进作用。

村庄的公共事务经常是由这三个组织合作完成。例如，生基村苗族最重要的节日——花山节的筹办，需要村委会向上级各个部门争取资金，统筹安排；需要学校老师策划和安排节目和流程，需要教会调度人员和提供后勤保障等。一些村庄的公共项目，例如修路，村委会负责争取资金，而教会动员村民投工投劳。在易地搬迁项目中，学校老师和教会长老负责工程质量监督。

图 5-16　2017 年生基村花　图 5-17　2017 年生基村扶贫安居工程
　　　　　山节筹备组会，村　　　　　　　分配房屋抽签，村小校长等
　　　　　两委、教会执事、　　　　　　　到场监督
　　　　　学校校长及老师均
　　　　　到场

在社区中没有哪一个组织是绝对强势和占主导地位的，三者之间相互监督和合作。例如，2017 年生基村村委会商定引进一家私人茶厂，因为教会执事和学校老师不赞成而最后搁置。也是说，关于社区发展的决策，任何一方都需要顾及其他两方的意见，否则很难在社区推行下去。

这些社区精英，现代教育体系为他们提供了机会，让他们能够接触一个更为广阔的世界、获取信息，促进他们自身能力的提升，也在促使他们反思自身和族群。更为关键的是，他们为公共事业的努力，不仅仅是受到文化的影响。从微观的社区情境来说，也是因为社区中相互独立又相互依靠的三个组织之间的关系，避免他们成为单纯的外界组织的代理人。传统政治经济学认为随着资本或者国家侵入乡村，市场经济的蔓延，乡土社会被资本化或国家化，具有乡绅精神的精英再无生存空间。而这个社区中，一群具有公共责任之心的社区精英的复现，值得我们进一步探究规则与主体之间的关系对于基层治理的实际意义。

生基曾经因为兴办教育成为苗族垦荒区的文化中心，而在生基苗族的不懈努力之下，生基村逐步重建文化中心。这一次重建不同的是，村庄逐渐将文化与经济的发展结合起来，当地苗族在自娱的同时，开始注重文化节日产生的经济价值。

第二节 苗寨文化盛宴：五月花山节

文化与文化身份认同是时代社会产物，在特定的时代社会背景下，社会成员通过行为实践创造文化及各种文化身份认同，以维持社会秩序与区分。民族节日是文化的重要载体和表现形式，它的形式和意义亦随着文化持有者与社会关系的变迁而变化。苗族花山节渊源于苗族庆祝摆脱灾难，是追忆苗族苦难史的一种纪念形式。关于苗族花山节的由来，一说是远古苗族先民疆土捍卫战的历史纪念日。中国苗族文学丛书《西部民间文学作品选·"阿仪鏖"歌》说：

> "远古"十二支系苗族开拓了直米利大坪原（湖南洞庭湖、黄河中下游一带），建造了劳锢、劳钨两座城。荡利莫大坪原……天下太平人安康。时到猴月挨鸡月，沙蹈爵氏敖部族与卯家部族起战争。……卯家是格蚩爷老（蚩尤）的守卫族，……蹈家是格炎敖孜老（炎帝）的侵犯族。……战争"从鸡年打到鸡年，整整打了十三年（苗族三大祭祀之一是每十三年一轮，要集族人打牛祭祀祖先）。卯家子孙受害惨，蹈家同样悲。……族长格蚩爷老对众人说，打仗不避热，当兵挡不住寒风，战争将会害儿孙……把辽阔的土地让给格炎敖孜老做管辖，卯家选择时间来起程，定在猴年接鸡年，五月初五是鸡天，卯家有计策。禀告格炎敖孜老：苗族人做祭日，休战。即悬鼓于毛羊、山羊头顶之上，任其争食碰响悬鼓，迷惑蹈家……卯家族长领着子孙离开城池、家园，摆脱格炎敖孜老的暴戾，大伙'阿作'（跳芦笙舞）来欢跳，青年们尽情欢歌乐舞来喜庆……老少儿孙心不甘，大人小孩心不服，'阿作'回过头眺望，……回首眺望直米利，

冰凉泪水如泉涌，男女老少放声哭，只好'阿作'转圆圈，以追记被迫抛弃的田园故土和城池。"[1]

苗族摆脱战祸灾难，但失去田园故土，永远失去美丽的"金城"，为追忆故土和金城，苗族人便居高眺望，选择开阔坪地手牵手绕成圈，奏响芦笙，欢歌起舞，并把那个世代难忘的苦难史实流传下来，作永久纪念日。

苗族花山节既保持着传统的迁徙舞等纪念历史的核心部分，也随着社会的变迁不断融入新的元素。例如20世纪初，石门坎成为大花苗的文化中心之后，将体育比赛项目等融入花山节，这一模式迅速在大花苗地区流行起来。花山节既是苗族的文化盛会，也紧密地与国家的民族政策和意志相结合。

从节庆活动内容和活动载体到活动场景本身，由"遍地开花"的活动项目到云集八方、穿戴华丽簇新的人群，烂漫绚丽，彩花簇拥，满山遍野汇集花场，生基成了"花的山"。1991年6月，《中国西部苗族民间文学》作品研讨会在昭通召开，来自云、贵、川三省及全国各地的领导、专家和学者，苗族上层人士、知名人士，对苗族传统节日的称谓进行了深层次的研讨，发表见解，形成共识——"花山节"。

在花山节上开展的活动丰富多彩。有篮球、足球、中长跑、拔河、爬山比赛；举办芦笙、歌舞比赛，开展文艺汇演；举行斗牛、赛马、射弩、投弹、射击、背水竞赛；

---

① 《中国苗族文学丛书》编辑委员会编《西部民间文学作品选1》，贵州民族出版社，2003。

举行穿衣、绩麻、穿针、服饰、蜡染工艺展赛；增设苗文、书画、识字等各种游戏活动。各种体育、技能竞赛和民族民间文化艺术集中展现。

2010 年以后，随着生基村小学设施的完善和村集镇的建设，生基村的花山节规模日渐扩大。生基村在经费有限

图 5-18　1981 年生基苗族花山节

（生基村村委会提供）

图 5-19　1987 年盐津县首届苗族芦笙唢呐调演合影

（生基村村委会提供）

的条件下，动员各方力量，将本村的苗族花山节影响力扩大。到2017年花山节，来自云、贵、川等地的参与者达到上万人。

生基花山节是生基村社区力量的综合展示，一个贫困的村寨能够出色地组织这么一场文化盛会，得益于社区组织汲取和协调社区内外资源的能力。生基村花山节呈现的规模和样式，都是超出常规的。村委会、学校和教会三者在花山节期间通力合作，调动了所有的社会资源，完成了一次次的创举。

村委会是花山节的核心组织，尤其是花山节每年的经费筹措，是村两委的干部到各个行政部门申请。其中，最主要的部门是县民宗局，其作为少数民族的主管部门，是每年花山节最重要的经济支持部门，其次是乡政府。另

图 5-20　2017年生基村花山节
迎宾

图 5-21　2017年生基花山节文
艺表演

图 5-22　2014年花山节彩排

图 5-23　2017年生基村花山节
集市

图5-24　2017年花山节女子篮　图5-25　2017年花山节绩麻比赛
　　　　球比赛

外，一些参与生基村扶贫的挂钩单位以及相关部门，都为花山节出资出力。每年村委会筹到的资金在7万元左右，2017年在政府之外，生基村尝试引进了两家企业赞助。

在社区内部，村两委负责整个花山节的组织协调工作。学校是主办花山节的重要场地，老师和学生是花山节的主力人员，从排演节目到项目策划，都由他们完成。教会组织是花山节的基础，其教徒为花山节的各个环节提供人力和物力支撑。生基村花山节的领导组构成和工作制度，可以证实这一点，图26这个名单中囊括了社区三个组织的所有核心成员。

在三个村组织之下是各个社的组织，他们是花山节实际运作中最关键的组织，各个社的负责人组织社员参与花山节的各项筹备活动，这群人的规模在200人左右。调查组在生基村参与并观察了2017年花山节，各个筹备组的成员、各个社的成员、普通的村民为了花山节前后忙碌两个月，没有任何报酬，很多人起早贪黑，为了排演节目忙到深夜。因为他们的辛勤付出，才有了这一次次的苗族盛会。

2017年百年盐津梦、喜迎十九大、情系花山节——纪念
苗族迁入生基一百周年暨花山节庆典活动方案（部分）

　　……经村民大会研究、讨论决定举办"2017年百年盐津梦、喜迎
十九大、情系花山节"为主题的庆典活动。并成立大会领导组，下设有
后勤组、文艺组、体育组、接待组、保卫组、医务组等。
　　一、主办单位：滩头乡人民政府
　　承　办：生基村花山节大会领导组……
　　三、领导组
　　顾　问：李BZ（副厅级退休干部）熊HG（正处级退休干部）杨ZW
（退休老教师）、朱ZD（昭通市基督教两会副会长、牧师）、朱SL(县民
宗局副局长)负责花山节总体指导。
　　组　长：王SC（村总支书）负责花山节全面工作
　　副组长：马WJ（坪头小学校长）主抓体育
　　副组长：朱SH（监督委员会主任）主抓接待
　　副组长：吴CX（生基教会秘书）主抓文秘
　　副组长：安XY（老师）主抓文艺
　　成员：村委会人员、学校老师、各村民小组长
　　领导组下设有办公室在生基村村委会，由朱世花任办公室主任，负
责处理日常工作。
　　四、文艺活动方案
　　组　长：安XY　负责本次文艺活动的全面工作
　　副组长：王H　协助组长负责安排本次活动的相关工作
　　　　　　杨GJ　音响设备的使用，管理协助组长收集文艺节目及编排
　　　　　　张FH　协助杨贵江管理使用音响设备
　　　　　　王 G　节目主持负责人
　　　　　　王 H　负责会场布置（挂幕布、摆桌凳、铺地毯、音响设备等）
　　主持人：王 G　　赵JF　　陶YZ　　王JR
　　……
　　五、体育活动方案：
　　组　长：王L，主抓体育项目全面工作
　　副组长：韩WJ、王SJ，协助体育组组长工作（包括制定预赛、决
赛、裁判人选及其他工作）
　　成　员：……
　　六、接待与后勤方案：
　　组　长：安JG
　　副组长：朱SH　朱R　朱ZG　朱SC
　　成　员：生基村生态护林员
　　……

图5-26　2017年生基花山节庆典活动方案

　　随着生基花山节影响的扩大，这场文化的盛会也为当地
村民带来一定的经济收益。根据村干部的估计，3天的花山

节可以为生基村集镇商户带来 20 万 ~30 万元的直接经济收入，花山节带来的收益主要集中在零售和餐饮部门。由于生基村花山节目前依然比较注重文化活动，对于本地商品的经济开发和推广还未成形。如何通过文化活动发掘本地商品的经济价值，这是生基村村民也在思考和探索的问题。

图 5-27　2017 年生基花山节集市做生意的苗族

第三节　重拾石门坎苗文

石门坎苗文是在川滇黔花苗社区一种被广泛使用的民间民族文字，它曾经被视为非法文字遭到挤压和排斥。本部分回顾石门坎苗文在生基村苗族社群中的重建历程。这是一段围绕着石门坎苗文，交织着现代国家治理、大花苗社会变迁和新老苗族知识分子社会流动的历史。

生基村在历史上深受石门坎文化影响，1936年建教堂和学校后，就开始教授石门坎苗文。1905年英国牧师柏格理来到云贵交界的石门坎传教办学校，与汉族老师李司提反、钟焕然及苗族张武、张约翰、杨雅各、王道元等创制石门坎苗文。这套表音文字以拉丁字母为主、以古老苗文符号为辅，被称为伯格理苗文（Pollard Script），也译作"波拉德文字"，或称为石门坎苗文。[1] 石门坎苗文的创造对苗族产生了启蒙作用，开创了中国苗语双语教育的先河，推动了平民教育的发展。[2]

新中国成立之后，为了在民族地区推行社会主义制度和民族教育，国家启动对少数民族语言文字的创制和改造工作。1952~1955年，政府根据中国科学院、中央民族学院在云、贵、川进行的调查，决定为苗族等少数民族创制文字，对滇东北次方言地区已存在的石门坎苗文进行改革，以拉丁字母拼音逐步取代石门坎苗文。[3] 1982~1986年，云南省语委启动在滇东北次方言地区拉丁苗文的推广活动。然而，拉丁苗文并没有被当地苗族广泛接受和使用。同时，生基的苗族自发地开始重新学习石门坎苗文。最开始学习苗文的是教会的教徒。

---

[1]　杨忠德、杨全忠：《威宁苗族语言文字推行使用浅析》，新华社贵州分社网站，1991年9月。

[2]　沈红：《结构与主体 激荡的文化社区石门坎》，社会科学文献出版社，2007，第10~11页。

[3]　贵州省民族语文指导委员会编《苗族语言文字问题科学讨论会汇刊》，民族语文指导委员会，1957。

图 5-28　1984 年生基苗文培训结业典礼合影

随着生基教会的复兴，教会开始对教徒进行有组织的老苗文的培训。除了教会系统，生基村的学校、村委也尽力在所有村民中普及老苗文。生基小学的五位苗族老师，以及教会和村委会协力，把第一次老苗文培训班办下来了。当时学员有 70 多个，有两位来自附近的水富三角村。培训班持续了一个星期。这是生基村第一次正式的苗文培训班，有十多个人学习比较好。

有了第一次的经验，生基村相继在 2013 年和 2016 年举办了两次老苗文培训班。尤其是 2013 年，石门坎苗文成为昭通市非物质文化遗产，生基村 2016 年以盐津县滇东北次方言苗族"非物质文化遗产保护培训班"的名义开展了第三次培训。

本次培训班经费由昭通市民宗局、盐津县民宗局、苗学会等单位出资 2.5 万元；86 人参与，其中本村 73 人，水富和大关县 13 人，并且以年轻人为主。

图5-29　2016年生基非遗
培训班开幕式

图5-30　2016年生基非遗
培训班筹备组

图5-31　　2016年生基非遗
培训班：专心学习的妇女

图5-32　　2016年生基非遗
培训班：快乐的儿童

老苗文进课堂。2017年生基坪头小学在课程设置上加入乡土教育，课程内容为教授石门坎苗文。石门坎苗文正式进入生基坪头小学课堂，由学校的安JG老师任苗文课程老师，一周两节课，主要是针对4~6年级的学生。课程教材由安JG老师根据苗文看图识字课本改编。

文化现象不只是一个集体的现象，而是参与者在现实环境中的经验和选择。作为一种不成熟的民间文字，石门坎苗文吸引着这些苗族成为文化的行动者，他们重拾石门坎苗文，收集老苗文故事，编写老苗文歌曲，努力寻求石门坎苗文的合法性，将它变成一种政府认可的民族文化符号，推动老苗文回到苗族社群。

在生基村重新成为文化中心的过程中，社区公共性的发展呈现了这样的特征：社区内外资源衔接的过程中，以权力型和权限型公共性建构为主；在社区内部资源分配的过程中，借助社区组织，以权威型公共性建构为主；在最基层的公共事务的运作过程中，以多元型公共性建构为主。

第六章

文化主体性与社区发展

国情调查组记录这个边远民族村落百年的发展历程，考察扶贫政策的实际运行情况和社会效果，探究有利于贫困民族社区建设和变迁的社会机制。本书从政府和山区少数民族两个基本主体的关系角度理解乡村建设和民族文化教育的发展和社会过程。通过对本书个案的分析，为发展社会学的前沿探索——结构变迁、发展主体和文化动力机制——提供实证研究基础。

这个边远苗族村落百年的发展历程，凝聚着国家和少数族群共同面向现代化变迁所做努力的缩影。贫困如何消除、山区如何建设、教育如何进步、文化如何传承发展，一直是我国现代化和社会转型的重大问题。对于少数民族贫困社区来说，如何从华夏文化边缘进入国家现代化历程，如何与贫困展开不屈不挠的抗争，发展主体在这个过程中积累的本土化经验至关重要。

本书关注的现实问题是：在脱贫的过程中，如何打破社区内部文化性的贫困均衡，也就是说，贫困社区成员如何打破维持贫困的文化状态。

第一节　以社区为"发展主体"打破贫困均衡

回顾这个大花苗社区一百年发展历史，社区成员不断与贫困抗争，为改善生存和生活条件集体奋斗。他们不断改变对贫困的认识，通过集体性行动改善贫困状况。本书考察不同社会历史情境下苗民面临的困境，以及如何组织起来解决公共问题。他们的实践为如何打破文化性贫困均衡提供了本土化经验。

存在于边缘社区中的普遍穷困状态，本质上是一种贫困均衡，是一种社会文化和经济组织结构，使贫困地区或者族群陷入并习惯一种低收入的循环之中。从宏观层面来说，打破贫困均衡的动力是基础教育的发展、工业化以及社会流动。从微观层面来说，打破贫困均衡的动力来源于社区成员处理公共事务的方式和思想的突破。

正如甘斯所说，"期待文化"是适应者为了应对某种情境形成的期待。关于穷人的文化适应问题，人类的行为不仅是对传统的维持，而且会因为现实生存环境变化而变化。对于生活在贫困文化中的人来说，最关键的是要具有"文化自觉"意识和能力，只有具有了这种意识和能力，他才能认识到贫困文化的羁绊，并相信自己有能力挣脱束缚，这也就意味着他从命运之神的安排之下获得了解放。

政府和市场是促使社区贫困文化变迁的重要主体，但是发展是一项个体性与集体性紧密结合的"复杂事业"。所有地方社区既受制于国家和市场发展模式，也借助这个模式提供的各种资源行动。外生性资源是否可能、如何转化为贫困社区的自我发展能力。在社区层面，社区自组织的能力与社区文化组织和社区的文化主体性密切相关。

生基村的发展实践表明，社区成员的参与行动，对打破文化性贫困均衡发挥了至关重要的作用。

赤贫的大花苗，通过建设苗族垦荒区，组织起来进行"清烟剿匪"，投身民族教育事业，主动融入现代国家体系。生基苗族在极端贫困与饱受压迫的境况之中，在外部资源极其有限的情况下，深度发掘社区内部资源，发展教育，改善苗族社区状况，并在新政治体制中实现了向上的流动。社区内部成员之间，在实质平等的基础上，主动或者被动地参与社区教育事业的发展，推动了社区文化主体性的建构，取得了超常规的社区发展成就。

在国家资源投入较少的经济困难时期，生基村的全部成员为社区教育事业发展尽心尽力，向各级政府和外界组织争取政策和资金支持，挖掘社区内部力量。他们的共同努力极大地减缓了民族贫困村落文化的边缘化，为当地的苗族子弟改善自身和社区条件创造了新的可能。在国家和外界扶贫资源大量进入的时期，通过社区组织转化资源、合理配置和分配资源，主动参与发展过程，将生基村重新塑造为文化中心。

当贫困的个人、社区和族群面对结构变迁及新的结构机会时，都有一个调整、适应的问题。地方性知识或者文化随着发展主体的创造性参与不断变化，以解决实际问题。文化主体既不是单一个体，也不是普遍的人类性，而是特定时间和场合中具有连带关系的共同体。在社区层面，这个具有连带关系的共同体如何达成共识，是社区发展的核心问题。达成共识的过程，是参与公共性建构的过程，也是社区成员成为发展主体的过程。在农村社区，公共事务或者议题达成共识的机制与本土文化资源密切相关。关键问题不在于有没有公共议题和是否参与决策过程，而是在于参与者对于自身与他者关系的认识，以及参与的主动性与被动性。

第二节　社区文化主体性建构

本书关注的理论问题是社区文化主体性如何建构，本文的个案表明，发展主体在参与社会公共事务的过程中，主体之间地位越平等，参与主动性越强，社区文化主体性越强。贫困人群所认同的地方性文化、民族文化应当得到保护和发展，他们探索多样化的、非线性的发展模式。

本书针对不同的社区公共事务，根据主体的不同参与状态，形成了不同的公共性类型。社区成员从私人领域走出来，就共同关注的问题开展讨论和行动，在公开讨论和行动中实现自己从私人向公众的转化，人们在平等对话中达成共识。生基村的个案呈现了社区文化主体性在不同阶段的生成和表现形式。

在社区发展的过程中，大花苗主动选择参与到国家建构和现代化的历程中。也就是说，苗民从迁徙到定居的过程中，一般成员对社区内部和外部权威组织呈现主动服从关系，一般成员基于平等意识主动参与教育等社区公共事务过程。

在国家救济、扶贫开发和精准扶贫阶段，外部资源大量进入，一系列新的社区发展问题出现，社区文化主体性面临新的挑战。在自上而下的项目运作中，权力型公共性建构占据主导地位。

在生基村重新成为文化中心的过程中，社区公共性的发展呈现了这样的特征：社区内外资源衔接的过程中，以权力型和权限型公共性建构为主；在社区内部资源分配的过程中，借助社区组织，以权威型公共性建构为主；在最基层的公共事务的运作过程中，以多元型公共性建构为主。

虽然，社区文化主体性的发展经历波折，尤其是在权力型和权限型社区公共性建构过程中受到挑战。然而，从历史的发展进程来看，只有建立在多元型和权威型公共性建构基础上公共事务才是可持续的，在此基础上不断累积的社区文化主体性有利于贫困社区的均衡稳定发展。当"多元—权威"和"权限—权力"在社区内外不同层次中发挥各自的作用，社区的发展会更加平稳，发展风险也将大大降低。

回顾这个大花苗社区百年的发展历程，真正的发展是什么？经济视角认为贫困来源于经济要素的缺乏或者劳动者素质低下，因此主张向这些贫困社区投入资源使之从传统走向现代。这种线性的文化发展观并不符合边远贫困群体的实际情况。经济结构和阶级结构对于行动者具有客观制约功能，同时社会结构本身也是人的历史活动的产物，是富有内在生命力的。

文化主体在社会转型的历程中，对于自身和社会关系的理解会不断改变，他们在现代化历程中对所珍视的生活和价值进行注解。无论国家的力量多么强大、市场经济多么有力，作为历史主体的人们始终会以群体的身份体验当下的生活，而其中的意义生成也会返回到群体中去。他们对于生活自主性的追求，无论是以怀念过去还是以指向未来的形式出现，都在不断地侵蚀着强制系统的权力和市场化的不平等的力量，这种力量持久而且很难被消除。社区文化主体性能够增强社区的自治能力，助力贫困群体打破贫困均衡，对于边远贫困社区的脱贫具有重要意义。

第三节 发展的新挑战

调查组认为精准扶贫机制的运行在很大程度上改变了

村庄的贫困面貌。同时，精准扶贫的制度设计和运行依然存在以下问题。

首先，贫困识别方面依然存在不精准的情况，主要的原因在于各级扶贫机构之间权责不明、政策预期不明确，进而造成贫困户的名单反复变动，从而引发部分村民对扶贫工作公平性的质疑。其次，脱贫方式重复单一，虽然一些扶贫方式略有创新，但是多数的扶贫方式没有进行谨慎的论证，忽视基层实际情况。扶贫方式虽然大有改进，但是一些低效扶贫模式依然广泛存在。再次，存在基层的数字脱贫现象，干部被捆绑在数字扶贫工作中，变相挤压了扶贫干部进行帮扶的精力，造成了时间、金钱、资源上的重复与浪费。最后，扶贫机制带来的生计风险需要被评估。扶贫项目在社区运行，带来的社会后果没有被全面评估，造成了贫困户新的债务风险和生计的不可持续性。

消除贫困是一项复杂而持久的系统工程，在扶贫的过程中应更关注打破社会不平等的壁垒，降低对减贫可持续性的威胁，增加弱势群体的发展机会。扶贫效果是否可持续，扶贫过程是否公平，这些问题涉及贫困人群和贫困社区为此付出的代价，各方主体需要对这些代价进行审慎评估。

在大规模扶贫过程中，作为国家和村民之间的中介机构，社区文化组织对社区脱贫有关键的影响。调查组试图探索那些打破维持贫困均衡的文化结构的可能条件。本书采纳影响发展的决定性因素存在于社会内部的看法，试图从内部结构与结构变迁中寻找变化的原因，通过观察和分析外部因素如何融入内部因素、内部因素又如何接纳外来因素，来解释社区的发展过程。本书关注的对象是那些试图改善社群命运的行动者，并以他们在现代化过程中的行动为依据来探讨边缘贫困社区脱贫的内在逻辑。

自上而下的扶贫和市场经济的发展，客观上给贫困社区注入了强烈的打破贫困均衡的文化动力，个人和社区获得发展的机会。一方面，自上而下扶贫机制的建立，强有力地促进了社区文化的变迁，同时也带来了新的风险。另一方面，处于"被发展"地位的贫困群体的文化主体性对于脱贫进程至关重要。虽然生基村村民收入刚越过贫困线，社区中的经济贫困情况依然严峻，脱贫依然任重道远。但是，生基村村民从赤贫中兴办教育、在动荡中向上流动、从边缘化中拯救社区，每一次尝试，都蕴含着他们对于社区内外权力关系的解读、对资源的汲取与运用、对自身和文化关系的反思。我们看到，真正起作用的是文化主体在既有的社会结构限制之下，对资源的合理运用和安排，对于贫困均衡的拒绝与突破。

附　录

附录一　精准扶贫精准脱贫百村调研云南省盐津县生基行政村问卷及数据

（调查时间：2017 年）

省（区、市）	云南	编码	
县（市、区）	盐津县		
乡（镇）	滩头乡	×	
行政村	生基村	075	
村干部姓名	支书　王树才　　主任　　陶荣光		
工作队情况	书记　　队长		
受访者	姓名　　电话		
村类型	☑贫困村 [□省定□省以下]　　□已脱贫村□非贫困村		
	□非少数民族聚居村 ☑少数民族聚居村 (填民族代码____)		
调查日期	2017 年　8 月　9 日		
调查员姓名	李春南		

A 自然地理

项目名称	数据	项目名称	数据
A1 地貌（①平原 ②丘陵 ③山区 ④高原⑤盆地）	③	A6 距乡镇的距离（公里）	24
A2 村域面积（平方公里）	8.75	A7 距最近的车站码头的距离（公里）	24
A3 自然村（寨）数（个）	2	A8 是否经历过行政村合并（① 是 ②否→ B1)	②
A4 村民组数（个）	14	a. 哪一年合并（年份，4 位）	—
A5 距县城或城市距离（公里）	36	b. 由几个行政村合并而成（个）	—

B 人口就业

项目名称	数据	项目名称	数据
B1 总户数（户）	541	B3 常住人口数（人）	2018
a. 建档立卡贫困户数	284	B4 劳动力数（人）	1032
b. 实际贫困户数	209	B5 外出半年以上劳动力数（人）	108
c. 低保户数	186	a. 举家外出户数（户）	12
d. 五保户数	2	b. 举家外出人口数（人）	228
e. 少数民族户数	418	B6 外出半年以内劳动力数（人）	200
f. 外来人口户数	2	B7 外出到省外劳动力数（人）	88
B2 总人口数（人）	2246	B8 外出到省内县外劳动力数（人）	100
a. 建档立卡贫困人口数	1238	B9 外出人员从事主要行业（行业代码，前 3 项）	5,3,8
b. 实际贫困人口数	869	B10 外出务工人员中途返乡人数（人）	46
c. 低保人口数	206	B11 定期回家务农的外出劳动力数（人）	80
d. 五保人口数	2	B12 初中毕业未升学的新成长劳动力数（人）	4
e. 少数民族人口数	2084	B13 高中毕业未升学的新成长劳动力数（人）	1
f. 外来人口数	10	B14 参加"雨露计划"人数（人）	0
g. 文盲、半文盲人口数	320	a. 参加雨露计划"两后生"培训人数（人）	0
h. 残疾人口数	42		×

C 土地资源及利用

项目名称	数据	项目名称	数据
C1 耕地面积（亩）	3210	a. 土地调整面积	0
a. 有效灌溉面积	900	C10 2016 年底土地确权登记发证面积（亩）	
C2 园地面积（亩，桑园果园茶园等）	8000	C11 全年国家征用耕地面积（亩）	5
C3 林地面积（亩）	15000	C12 农户对外流转耕地面积（亩）	0
a. 退耕还林面积	0	C13 农户对外流转林地面积（亩）	0
C4 牧草地面积（亩）	0	C14 参与耕地林地等流转农户数（户）	0
C5 畜禽饲养地面积（亩）	0	C15 村集体对外出租耕地面积（亩）	0
C6 养殖水面（亩）	40	C16 村集体对外出租林地面积（亩）	0
C7 农用地中属于农户自留地的面积（亩）	258	C17 本村土地流转平均租金（元/亩）	0
C8 未发包集体耕地面积（亩）	10	C18 本村林地流转平均租金（元/亩）	0
C9 第二轮土地承包期内土地调整次数（次）	0	C19 全村闲置抛荒耕地面积（亩）	462

D 经济发展

（一）经营主体与集体企业

项目名称	数据	项目名称	数据
D11 村农民年人均纯收入（元）	4600	D19 其他企业数（个）	0
D12 农民合作社数（个）	2	D110 企业中，集体企业数（个）	1
D13 家庭农场数（个）	0	a. 资产估价（万元）	29
D14 专业大户数（个）	0	b. 负债（万元）	—
D15 农业企业数（个）	1	c. 从业人员数（人）	5
D16 加工制造企业数（个）	0	d. 吸纳本村从业人数（人）	100
a. 主要行业（制造业分类代码，前 3 项）	—	e. 主要行业（行业代码，前 3 项）	⑤采茶
D17 餐饮企业数（个）	0	D111 集体企业经营收入（万元）	0
D18 批发零售、超市、小卖部数（个）	2	D112 集体企业经营利润（万元）	0

收入来源代码：①务农 ②本地务工 ③外出务工 ④非农经营 ⑤其他（注明）。

（二）农民合作社

名称 a	领办人 （代码） b	成立时间 （年月） c	成立时社员户数 d	目前社员户数 e	业务范围 f	总资产 （万元） g	总销售额 （万元） h	分红额（万元） i
D21	黄金芽专业合作社	③	2016.12	215	215	茶叶种植收购销售	15	0	0

领办人代码：①村集体 ②村干部 ③村干部以外的农户 ④外来公司 ⑤其他（注明）。

E 社区设施和公共服务
（一）道路交通

项目名称	数据	项目名称	数据
E11 通村道路主要类型［①硬化路（水泥、柏油）②沙石路 ③泥土路 ④其他］	1	a. 未硬化路段长度（公里）	0
		E14 村内通组道路长度（公里）	20
E12 通村道路路面宽度（米）	4	a. 未硬化路段长度（公里）	26
E13 通村道路长度（公里）	18	E15 村内是否有可用路灯（①是 ②否）	1

（二）电视通信

项目名称	数据	项目名称	数据
E21 村内是否有有线广播（①有 ②无）	1	E25 使用卫星电视户数（户）	500
E22 村委会是否有联网电脑（①有 ②无）	1	E26 家中没有电视机户数（户）	41
E23 家中有电脑的户数（户）	8	E27 家中未通电话也无手机户数（户）	16
a. 联网电脑户数（户）	8	E28 使用智能手机人数（人）	2000
E24 使用有线电视户数（户）	0	E29 手机信号覆盖范围(%)	80

（三）妇幼、医疗保健

项目名称	数据	项目名称	数据
E31 全村卫生室数（个）	2	E35 当年 0~5 岁儿童死亡人数（人）	1
a. 若无，最近的卫生室、医院的距离（公里）	—	E36 当年孕产妇死亡人数（人）	0
E32 药店（铺）数（个）	0	E37 当年自杀人数（人）	0
E33 全村医生人数（人）	3	E38 当前身患大病人数（人）	2
a. 其中有行医资格证书人数（人）	3	E39 村内敬老院个数（个）	0
E34 全村接生员人数（人）	1	a. 在村内敬老院居住老年人数（人）	0
a. 其中有行医资格证书（人）	1	b. 在村外敬老院居住老年人数（人）	0

（四）生活设施

项目名称	数据	项目名称	数据
E41 已通民用电户数（户）	541	a1. 自来水单价（元／吨）	3
a. 民用电单价（元／度）	0.483	a2. 使用净化处理自来水户数（户）	0
b. 当年停电次数（次）	12	b. 江河湖泊水 (%)	0
E42 村内垃圾池数量（个）	5	c. 雨水／窖水 (%)	20
E43 村内垃圾箱数量（个）	15	d. 受保护的井水或泉水 (%)	80
E44 集中处置垃圾所占比例 (%)	50	e. 不受保护的井水或泉水 (%)	0
E45 户用沼气池数量（个）	0	E47 自来水之外的管道供水户数（户）	0
E46 饮用水源比例：	90	E48 水窖数量（个）	0
a. 集中供应自来水 (%)	0	E49 饮水困难户数（户）	0

（五）居民住房情况

项目名称	数据	项目名称	数据
E51 户均宅基地面积（平方米）	80	E56 危房户数（户）	40
E52 违规占用宅基地建房户数（户）	1	E57 空置一年或更久宅院数（户）	0
E53 楼房所占比例 (%)	45	E58 房屋出租户数（户）	0
E54 砖瓦房、钢筋水泥房所占比例 (%)	40	a. 月均房租（如有，按 10 平方米折算，元）	—
E55 竹草土坯房户数（户）	15		×

（六）社会保障

项目名称	数据	项目名称	数据
E61 参加新型合作医疗户数（户）	541	E64 五保供养人数（人）	4
a.参加新型合作医疗人数（人）	2215	a.集中供养人数	
b.新型合作医疗缴费标准(元/年人)	120	b.集中与分散供养相结合五保人数	
E62 参加社会养老保险户数（户）	518	c.五保供养村集体出资金额（元）	
a.参加社会养老保险人数（人）	1670	E65 当年全村获得国家救助总额（万元）	1008
E63 低保人数（人）	460	E66 村集体帮助困难户年出资额(元)	0

F 村庄治理与基层民主
（一）村庄治理结构

项目名称	数据	项目名称	数据
F11 全村中共党员数量（人）	50	F17 村民代表人数（人）	18
a.50 岁以上党员数（人）	32	a.其中属于村"两委"人数（人）	1
b.高中及以上文化党员数（人）	18	F18 是否有村务监督委员会（①是②否→F19）	1
F12 是否有党员代表会议（①是②否→F13）	1	a.监督委员会人数（人）	3
a.党员代表人数（人）	4	b.属于村"两委"人数（人）	1
b.属于村"两委"人数（人）	1	c.属于村民代表人数（人）	2
F13 党小组数量（个）	4	F19 是否有民主理财小组（①是②否→F211）	1
F14 村支部支委会人数（人）	2	a.民主理财小组人数（人）	3
F15 村民委员会人数（人）	7	b.属于村"两委"人数（人）	0
F16 村"两委"交叉任职人数（人）	0	c.属于村民代表人数（人）	2

（二）村"两委"（注意填写代码）

项目名称	职务 a	姓名 b	性别 c	年龄 d	文化程度 e	党龄 f	交叉任职 g	工资（元）h	任职届数 i	任职前身份 j
F211	书记	WSC	1	41	5	12	无	—	1	村干部
F212	副支书	ZR	2	45	3	20	无	—	1	群众
F213										

项目 名称	职务 a	姓名 b	性别 c	年龄 d	文化 程度 e	党龄 f	交叉 任职 g	工资 （元） h	任职 届数 i	任职前 身份 j
F214										
F215										
F221	主任	TRG	1	23	5	×	×	—	1	群众
F222	监督主任	ZSH	2	43	5	×	×	—	1	群众
F223	副主任	WL	1	23	3	3	×		1	群众
F224	计生员	ZSJ	1	32	5	×	×		1	群众
F225										

职务代码：①支部书记 ②副书记 ③支部委员 ④村委会主任 ⑤副主任 ⑥村委委员 ⑦委员兼妇女主任；

性别代码：①男 ②女；

交叉任职：填写党支部干部所交叉担任的村委会职务代码；

文化程度选项：①文盲 ②小学 ③初中 ④高中或中专 ⑤大专以上；

任职前身份：如是村干部，填写村干部职务代码；如果不是村干部，写明身份。

（三）最近两届村委会选举情况

项目 名称	年份 a	有选举 权人数 b	实际参 选人数 c	村主任 得票数 d	是否设 有秘密 划票间 e	书记与主 任是否一 肩挑 f	是否搞 大会唱 票选举 g	投票是 否发钱 发物 h	是否流 动投票 i
F31	2015	1064	1002	996	2	2	1	2	2
F32									

是否选项：①是 ②否。

G 教育、科技、文化

（一）学前教育 (2016~2017 学年度，下同)

项目名称	数据	项目名称	数据
G11 本村 3~5 周岁儿童人数 (人)	160	b. 幼儿园在园人数 (人)	
G12 当前 3~5 周岁儿童不在学人数	60	c. 幼儿园收费标准 (元 / 月)	
G13 本村幼儿园、托儿所数量 (个)	1	G14 学前班在学人数 (人)	35
a. 其中，公立园数量 (个)	1	a. 学前班收费标准 (元 / 月)	800

（二）小学阶段教育

项目名称	数据	项目名称	数据
G21 本村小学阶段适龄儿童人数（人）	283	b. 住校生人数	0
a. 其中女生数	152	G24 在县市小学上学人数	0
G22 在本村小学上学人数	286	a. 其中女生数	0
a. 其中女生数	156	G25 去外地上学人数	6
b. 住校生人数	286	a. 其中女生数	4
G23 在乡镇小学上学人数	2	G26 失学辍学人数	0
a. 其中女生数	0	a. 其中女生数	0

（三）初中阶段教育

项目名称	数据	项目名称	数据
G31 乡镇中学离本村距离（公里）	25	G34 在县城中学上学人数	3
G32 在乡镇中学上学人数	40	a. 其中女生数	1
a. 其中女生数	23	G35 去外地上学人数	0
b. 住校生人数	40	a. 其中女生数	0
G33 中学是否提供午餐（①是②否→G34）	1	G36 失学辍学人数	2
a. 是否免费或有补助（①免费②补助③无）	1	a. 其中女生数	0

（四）村小学情况

项目名称	数据	项目名称	数据
G41 本村是否有小学（①是②否→G49)	1	c. 高中或中专	0
G42 最高教学年级为	6	G46 校舍是否独立使用（①是②否）	1
G43 在校生数（人）	286	a. 校舍建成时间（年）	2014
G44 公办教师人数（人）	7	b. 校舍建筑面积（平方米）	2000
a. 本科	4	G47 是否提供午餐（①是②否→G48)	1
b. 大专	3	a. 午餐标准（元/顿）	10
c. 高中或中专	0	b. 是否有补助（①免费②部分补助③无）	1
G45 非公办教师人数（人）	4	G48 是否配有联网电脑（①是②否→G51)	1
a. 本科	3	G49 如无小学，原小学哪年撤销	—
b. 大专	1	G410 最近小学离本村距离（公里）	0.3

（五）科技与文化

项目名称	数据	项目名称	数据
G51 是否有农民文化技术学校（①是 ②否）	2	G58 棋牌活动场所（个）	1
G52 村内举办农业技术讲座次数（次）	3	G59 社团（老年协会、秧歌队等）个数（个）	0
G53 村民参加农业技术培训人次	200	G510 村民最主要宗教信仰（单选，代码 1）	5
G54 获得县以上证书农业技术人员数量（人）	40	G511 具有各种宗教信仰群众数量（人）	500
G55 村民参加职业技术培训人次	0	G512 是否有教堂、寺庙等宗教活动场所（①	
G56 图书室、文化站个数（个）	1	是 ②否→ H11）	1
a. 如有，活动场地面积（平方米）	1000	a. 建设与维护费用主要来源（①群众集资 ②收费 ③社会捐助 ④其他）	1
b. 藏书数量（册）	2000		
c. 月均使用人数（人次）	20	b. 多久举行一次活动（代码 2）	2
G57 体育健身场所（个）	1	c. 平均每次活动参加人数（人）	200

代码 1(宗教信仰)：①无 ②佛教 ③道教 ④伊斯兰教 ⑤基督教 ⑥天主教 ⑦喇嘛教 ⑧其他宗教。

代码 2(活动频率)：①每天 ②每周 ③每月 ④一个月以上。

H 社会稳定情况

项目名称	数据	项目名称	数据
H11 打架斗殴事件（件）	2	H14 判刑人数	2
H12 偷盗事件（件）	0	H15 接受治安处罚人次	1
H13 抢劫事件（件）	0	H16 上访人次	5

I 村集体财务

（一）集体财务收支（元）

项目名称	数据	项目名称	数据
村财务收入		村财务支出	
I11 上级补助	0	I114 村干部工资	126000
I12 村集体企业上交	0	I115 组干部工资	21000

项目名称	数据	项目名称	数据
I13 发包机动地收入	0	I116 水电等办公费	25000
I14 发包荒、坡地收入	0	I117 订报刊费	0
I15 发包林地收入	0	I118 招待费	0
I16 发包水面收入	0	I119 困难户补助费	0
I17 店面厂房等租金	0	I120 修建学校	0
I18 修建学校集资	0	I121 修建道路	0
I19 修建道路集资	0	I122 修建水利	0
I110 修建水利集资	0	I123 垫交费用	0
I111 社会抚养费（返还）	0	I124 偿还债务及利息支付	0
I112 其他收入 1（注明）	0	I125 其他支出 1（注明）	0
I113 其他收入 2（注明）	0	I126 其他支出 2（注明）	0

（二）集体债权债务（元）

项目名称	数据	项目名称	数据
集体债权		集体负债	
I21 村组干部欠	30000	I26 欠村组干部	
I22 农户欠	20000	I27 欠农户	0
I23 商户欠	0	I28 欠商户	0
I24 上级政府欠	0	I29 欠上级政府	0
I25 其他人欠（注明）	0	I210 欠银行	0
	×	I211 欠教师	0
	×	I212 欠其他人（注明）	0

（三）集体资产

项目名称	数据	项目名称	数据
I31 办公楼等设施的建筑面积（平方米）	420	I33 未承包到户的集体ft场面积（亩）	0
I32 未承包到户的集体耕地面积（亩）	0	I34 其他集体资产（注明）	0

J 公共建设与农民集资

（一）公共建设（2015 年以来）

项目名称（单位）	数量 a	建设开始时间（年月）b	建设完成时间（年月）c	投资额（万元）		
				农民集资 d	集体出资 e	上级拨款 f
J11 学校（平方米）	2000	2011.8	2014.6	—	—	700
J12 村办公场所（平方米）	420	2008.5	2009.1	–	—	30
J13 卫生室（平方米）	400	2000.5	2001.3	—	—	13
J14 文化体育设施（处）	1	2014.4	2014.7	–	–	100
J15 其他项目（注明）	—	—	—	—	—	—

K 建档立卡贫困人口

项目名称	2014 年 a	2015 年 b	2016 年 c
K1 贫困户数（户）	50	17	218
K2 贫困人口数（人）	215	76	869
a. 因病致贫人口		1	6
b. 因学致贫人口			2
c. 因缺劳力致贫人口			5
K3 调出贫困户数（调整为非贫困户）		2	
a. 调出贫困人口数		9	
K4 调入贫困户数（调整为贫困户）			
a. 调入贫困人口数			
K5 脱贫户数			165
K6 脱贫人口数			699
a. 发展生产脱贫	15		38
b. 转移就业脱贫		12	65
c. 易地搬迁脱贫	35		50
d. 生态补偿脱贫			10
e. 社保兜底脱贫			2

L1 发展干预（201）

建设项目	单位	数量 a	受益户数（户）b	总投资（万元）c	投资构成（万元）					
					财政专项扶贫资金 d	行业部门资金 e	社会帮扶资金 f	信贷资金 g	群众自筹资金 h	其他资金 i
L11 村级道路 X 新建通村沥青（水泥）路	公里	10.26	121	307.8		307.8				
Y 新建村内道路	公里									
L12 农田水利 X 小型水利建设	处									
Y 基本农田建设及改造	亩									
L13 饮水安全 X 新建自来水入户	户									
Y 新建蓄水池（窖）	个									
Z 新建村级自来水厂	座									
L14 电力保障 X 新增农村电网改造	处									
Y 解决无电户	户									
L15 居住环境改善 X 危房改造	户	1	28	234		84				
Y 人居环境改善	户									150
L16 特色产业 X 培育特色产业项目	个	1	215	15		15				
Y 培育合作社	个	1								
L17 乡村旅游 新扶特农家乐户数	户		50							
L18 卫生计生 参加卫生计生技术培训	人次	1								
L19 文化建设 X 广播电视户	户	1								
Y 村文化活动室	个	1								
L110 信息化 X 宽带入户	户									
Y 手机信号覆盖范围	%	1								
L111 易地搬迁 X 易地搬迁（迁出）	户	1	56	981.288					60	
Y 易地搬迁（迁入）	户									

附录二　盐津县政府领导访谈节选

受访者：盐津县政府主要领导

调查地点：盐津县城

调查员：沈红、李春南、沈茜

整理员：刘慧丽

场景：调查组选择云南盐津县的生基村作为此次国情调研的村庄，该村所属盐津县是国家级贫困县。为从县域层面了解整个盐津县的贫困面貌和扶贫情况，调查组访问县政府主要领导，调查获得县委、县政府热情支持，郑县长阐述县政府的扶贫政策和实践。

● 贫困面貌

县领导：我记得我们2014年底，全县有贫困人口10.8万人左右，大概2.5万多户，通过这几年不断地努力和攻坚，目前还有贫困人口3.4万人左右，贫困发生率降到了9.6%。我们整个县计划2018年脱贫摘帽。

调查员1：我们用的贫困标准是3000多元？

县领导：这个标准每一年都不一样，是在不断发展变化的，刚开始的时候是2950元，根据经济社会发展情况，都会有新的标准，今年是3060元。

● 贫困面貌：地质灾害频发

县领导：我对盐津的理解，国务院规定的6类地区，我认为都属于生态、环境、资源的承载能力很差一类，生基那个地方，资源承载和环境容量稍微好点，其他地方真的不行，建房成本很高，地下投入与地上投入比例是1∶1，盐津总体上符合6类地区标准，很多农户在地质灾害点上，安置点建设，其实搬的人就在河对面，河对面的百姓搬过来，没有桥，那边是地质安全隐患点，不搬威胁生命安全。还有洪灾的影响，盐津曾经有领导说过除了海啸和龙卷风，其他灾害都能看到。风灾、暴风导致庄稼、房屋损毁；地震、洪水，河沟每年雨季都有洪灾和泥石流，去年我们的公路被冲毁了507公里，去年国开行给了我们3000万元的贷款，其中2500万元用来修复公路。

调查员2：包括乡村公路？

县领导：主要是村组公路，不弄百姓不满意，灾害很多。

调查员1：灾害资金用来修路，贷款多少年还？

县领导：一年期，政府承贷承还，有平台公司，但是都是财政承担。

调查员1：用什么来还？去年的财政收入吗？

县领导：做贷款的置换，新贷还旧贷。

● 政府扶贫：易地扶贫搬迁

县领导：盐津县是典型的山区县，境内山高坡陡、沟壑纵横，有的地方生存条件很差、很恶劣，不适合人类生存。我们就紧紧抓住国家精准扶贫政策，通过易地扶贫搬迁解决掉一批人的脱贫问题。我们全县规划的易地扶贫搬迁安置点有 26 个，大概需要搬迁的人口有 10209 人。省里面之前的补助标准和中央现在的补助标准不一致，因为省里面率先开展这项工作，省里的政策在中央政策出台半年前就出台了。之前的补助方式是按户补助，现在按照国家发改委的要求，调整为按人补助，原来易地搬迁每户补助 5 万元，现在改为每人补助 2 万元，拆了旧房的，再加6000 元，现在我们正在抓紧整改。

调查员 1：变成 20000 元了？

县领导：对，实际上是 26000 元，其中 6000 元是把原来的旧房子拆除后才补助的，整改的内容之一就是调整补助标准。政策要求人均住房面积不能超过 25 平方米，目前超过这一标准的贫困户有退出的，达不到这个标准的有进入的，对象也在不断变化，这几天我们正在研究，要求精准锁定对象，县委常委会昨天开会就是研究整改的工作。

调查员 1：易地搬迁都是扶贫办管理？

县领导：都是扶贫办统筹管理，另外呢我们专门成立了易地扶贫搬迁领导小组办公室，主要是发改局在牵头负责。生基村共有 50 户易地扶贫搬迁户，已建设安置点，上面还在建水库。

调查员 1：水库的易地搬迁、机场兴建会引起新的移民搬迁？

县领导：这个问题，我们是和脱贫攻坚一起来思考的，现在的安置点建设就把水库建设和机场建设可能涉及的问题一并考虑进来，长远考虑，节约资源，避免浪费。

调查员 2：生基的地形就是一个坝子，机场选址在平原地区？

县领导：对，我们这个是通用机场，主要的功能就是救灾和应急使用，所以初步选址在相对较平缓一点的生基这个地方，要等到最终选址后才能考虑下一步工作，我们也预留了发展的空间。

● 政府扶贫：劳动力转移

县领导：关于收入问题，我们这里生态比较脆弱，资源承载能力有限，所以每年外出打工的人很多，基本上年轻一点的都出去了。广东省对口帮扶我们，年轻人务工这方面不需要政府做太大的引导，因为盐津十多年前外出打工的人就很多，主要集中在江浙和广东一带，这一部分人外出务工回来，会向他的亲戚、朋友介绍和推荐工厂，根据工厂需要的劳动力，一部分人就会跟着出去务工，所以年轻人外出务工这部分不需要政府协调，自己就跟着出去了。劳动力转移真正的难点是年纪较大的普通劳动力。45岁以上的人中，有些是以前出去务工，现在年纪大了，工作相对不好找，所以就回来了；有些是根本没出去过的，只有些简单手艺。这部分人相对来说转移输出的困难较大，因为现在企业招收劳工的要求就是45岁以下的劳动力，虽然不限定劳动技能，但我们组织劳动力去招工，最后真正出去的都是年轻的，45岁以上的劳动力如何有效转移输出，县政府正在研究，我们的思考是：一是寻找结构性需求；二是对年龄要求不大的岗位，比如保安、保洁之类的，想办法输出一部分；另外，当地产业发展、集镇公益性岗位和乡镇企业再排查提供一些岗位。特别是搬迁进安置点的群众，只要有劳动能力的，我们就想办法让他就业。这是在就业问题上我们目前的思考。

● 政府扶贫：产业扶贫

调查员2：没有农业产业吗？

县领导：有是有，比如我们花卉苗木、竹笋、乌鸡、蔬菜等产业都有一定的基础和优势，但是总体都比较散小，带动能力较弱。比如我们这个生基村，它以茶园为主，茶叶产业有好几十年的历史，只要找到一个好的企业来带动提质改造出来，是很有发展前景的。除了这个，我们全县现在正在规划建设乌鸡孵化厂，想通过推广建设一批孵化厂，扩大乌鸡产业规模。盐津乌（骨）鸡是云南六大名鸡之一，但产量较少。上海对口帮扶我们，要求我们每天供应100只乌（骨）鸡，但我们的规模不够，无法满足企业的需求，所以我们要继续扩大规模及产业链。另外，我们正在跟重庆一家养猪企业洽谈，在我们这里建立种猪繁育中心，再把繁育出来的仔猪分散给群众养殖，群众交一部分押金，等养殖到一定程度再集中进行繁育，我觉得这种模式很好。繁育中心建设需要资金8000多万元，县级财政困难，昨天下午我们还跟银行争取，想通过银行贷款解决。

调查员1：产业扶贫资金规模有多大？

县领导：总共4600多万元，覆盖产业、交通、卫生等方面，具体数字是4641万元。这个数字每年都是变化的，去年资金规模是5504万元。

调查员1：产业扶贫资金去年比今年多？

县领导：不是，4641万元是才到位的资金，这是扶贫的切块资金。包括易地搬迁的贷款，还有国开行5.5亿元的贷款，产业发展在县级层面布局的有两个：一是养鸡；二是养猪。但是如果农产品不跟市场结合，就变不成商品。因此，必须把市场做通，提高农产品销量。本地的农产品，通过积极参加博览会推介出去，同时我们也正在建立销售网点，比如四川宜宾、自贡的乌鸡销售点，盐津农副产品销售网点，企业正在把市场逐步拓宽；电商扶贫从2017年9月26号开始到今年3月份，销售额为220万元，进多出少，原因是没有品牌，但是我们正在逐步建立和打造自己的品牌。现在我们正在跟阿里巴巴合作，农村淘宝店已经开起来50多个。另外一家电商平台上已经成立了30多个店铺。

调查员1：只做了一年？

县领导：不到一年，去年国庆开始。生基村的茶叶、竹笋、魔芋受地形限制，要做出规模大的产业比较困难，因此必须走精品化道路，积极申报"三品一标"。目前全县已经通过认证的有天麻和乌（骨）鸡，状元米正在申请，已经初步通过农业部驻昆明农业认证中心检验。还发展旅游，生基村有旅游开发的价值，特别是机场建成后，交通条件会有较大的改善。将生基村列为旅游开发村，可以实现旅游产业支撑地区发展的模式。

● **政府扶贫：扶贫机制**

调查员1：我看这有两个文件：扶贫和旅游的百日

会战。

县领导：这个我来介绍一下。从这个月开始，我们发动扶贫攻坚的百日会战，这是什么意思呢？四个重点工作：脱贫攻坚、生态建设、全域旅游和党的建设，就是动员基层和部门以这四项工作为中心，列出计划清单和时间表，以100天为期限，限时完成工作任务，完不成的要受到相应的处罚，通过这个措施，把压力层层传导下去，把责任落实到每个干部的身上。

调查员1：每年都有么？

县领导：不，去年没有。因为我们2018年要整县脱贫出列，但现在还有很多短板，脱贫出列的目标还有差距。因此，除了百日会战之外，我们想通过三次会战，集中补齐短板，一年后，我们就能通过三次会战检查还有什么问题，问题就相对少了。

调查员1：三次会战是指？

县领导：第一次就是百日会战，会战结束后，我们休整、检查工作，找到工作差距；然后开始秋季攻势，还是3个月时间，集中力量再解决一批问题和短板，秋季攻势结束后我们再休整、再梳理，把问题列出来；冬季的时候再来一次，到明年此时，我们的既定目标——补齐短板就能实现了。然后我们再用半年左右的时间查缺补漏，2018年底基本可以达到脱贫出列的标准。

● 政府扶贫：易地搬迁

县领导：所以现在就要准备，在易地搬迁方面，我们还有一个政策，就是"三进一建"。"三建"即进县城、进集镇、进旧有村庄。

调查员1：这是盐津政策？

县领导：对。这个是在省、市政策的基础上，我们结合盐津的现实制定出来的。如果村民都不进，我们就建新的安置点，但必须建在集镇和村庄周边。因为山高坡陡，百姓住在山上，就要大量修路，会破坏山体生态环境，地质灾害会发生；还有百姓都住在山上，不搬下来，公共设施配套，比如学校、卫生室、饮用水管道建设以及以后的光纤入户，都需要很大的成本，基础设施建设将成为无底洞。所以我们鼓励大家集中"三进"，这样公共设施可以很好配套，现有的资源可以被充分利用起来，节省资金和土地。这样水、电、路的问题也可以得到很好解决。

调查员1：这里受到地理环境的限制，很难新建工业园区？

县领导：是的，没有这样的条件，最贫瘠的是生基这个地方，只能发展农业。

调查员1：据说还要网友投票？

县领导：对。这是易地搬迁的思路。通过大家的投票，得到群众的理解和支持，这个很重要。

调查员1："三进"也有相应的政策？刚提到的多少人会进县城？

县领导：详细数据待会儿提供给沈老师，之前"三进"后的补助标准是8万元、6万元和5万元三个档次，现在标准调整后是一个人补助 2.6 万元。进安置点、集镇、县城都属于易地搬迁，因此全部都是一个标准。

调查员 1：水库移民多采取投亲靠友办法，在你们那儿？

县领导：这个比较少，农村观念是要有自己的房子，房子还要大，好嫁娶，有面子，今年把农村建房做了规范，总体建筑和用地面积不能过大，避免建大房子。平原土地资源多，我们这里没有建房的地，必须通过政策来平衡，不然对生态、对土地资源都有害。

调查员 1：进县城和集镇不也得建新房子？

县领导：这个不用，进县城买商品房，进集镇，新农在集镇周边，建了安置点，新农产业发展好，建立小高层，百姓上楼，种茶花，组织去茶山挖茶花，每天一两百块钱，产业工人，另外有茶叶，摘茶叶每天一两百，还有兔养殖，肉和皮都可以卖出去，在家里手工制作毛绒玩具，解决了就业和生存的问题。其他没有产业支撑的，我们就不鼓励上楼，目前，大概就这几种模式。

调查员 1：我们在生基村看到的是哪个模式？

县领导：生基也算是进旧有村庄，滩头有 200 户左右在集镇的周边，百姓觉得建得好，但是现在也在规划建设，不能单家独户。滩头乡政府那边自己建成了新的集镇，但还没有搬进去。配套的交通和水电，房子建好了。

调查员 1：全乡都迁到那儿？

县领导：我们的搬迁都是。

● 政府扶贫：财政资金

县领导：我们的财政，我跟沈老师介绍一下，一个贫困县不只是百姓贫困，经济发展滞后，财政收入水平不高，教育、医疗、基础设施等都相对落后，是综合性的问题。我们财政收入只有 1.5 亿元，支出达到 21.2 亿元，缺口都靠中央的转移支付，主要是收入起不来，其中 15 亿元用来"三保"：保机构运转、人员工资和民生。民生不保障，百姓基本的事情办不了，真正可以用来建设的资金量很小。

● 政府扶贫：对口帮扶

调查员 1：对口支援单位有多少？

县领导：目前有上海东华大学、中国地质科学院，省里有建行、世博局、中储粮，市里面有市人大、市电视台、昭通烟厂等。

县领导：建行等单位帮助我们比较好，因为我们现在想做金融产品，支持产业发展，而这恰恰是建行的优势。世博局主要是对外的经济协作和联系，这一块对我们帮助也比较大，大概就是这些情况。

调查员 1：对口支援部门带来的扶贫资金有多少？

县领导：资金相对有限，市人大多一些，有 1000 万元左右，昭通烟厂大概 700 万元。

调查员 1：盐津的各级部门对口支援每年能给多少？

县领导：差不多 2000 万元，其实最重要的不是资金的多少，而是这些部门能够帮助我们做很多我们想做却做不了的事情。比如，中国地质科学院帮我们建立了地质灾害的监测点，免费对地质灾害进行评估，帮我们省了钱；硅矿资源也正在勘查，规模多大、资源多少，正在精准测算；土地化学调查，对土壤进行分析，看我们的土壤最适合种植什么；这些都是我们最需要的。这样我们以后的发展方向就更加明确了。盐津的电商也是东华大学帮助我们发展起来的，（我们）通过他们联系了阿里巴巴。对口支援单位的帮助，我们更看重、认为更核心的是其他方面的，比如技术、对外联系、市场通道及产品市场的开拓，主要是这些方面。虽然资金帮扶比较直接，但是我们更需要的是刚才说到的这些方面。

县领导：下午我要去见广东那边一个对口帮扶企业，帮助我们输出劳务、拓展市场，给予医疗和教育资源以及慈善资金的支持，比如贫困户的小孩考上大学和高中没有资金，要建立教育基金，解决兜底的问题；还有医疗这块，现在的政策报销比例不小，但贫困户资金压力还是很大，大病医疗救助也不足够，我们都希望通过基金把国家报销后的资金再解决一部分、兜底一部分。

附录三　盐津县扶贫办访谈节选

受访者：盐津县扶贫办周主任

调查地点：盐津县城

调查员：沈红、李春南、沈茜

场景：调查组选择云南盐津县的生基村作为此次国情调研的村庄，该村所属盐津县是国家级贫困县。调查组访问了县扶贫办周主任，他对于整个盐津县精准扶贫过程和机制运作非常熟悉。通过对他的访谈，调查组对于全县的贫困面貌和扶贫现状有了较为全面的了解。

● 政府扶贫：扶贫机制

调查员1：县扶贫办现在有多少人？扶贫干部有多少？

扶贫办干部：现在在编的有14人，分为综合、项目管理、易地搬迁和外资管理中心。

调查员1：外资管理中心是？有国际组织的扶贫项目吗？

扶贫办干部：没有。外资管理中心是综合性的事务机构，不一定是国外资金，也曾经做过世行项目，从世行项目办转化过来的。

调查员1：很早了吧？

扶贫办干部：大概是1994年到1998年，当时我不在这里，今天是我到扶贫办一周年，去年4月26日我来到这里的。我想走出去，了解怎么做扶贫，怎么精准，学习贵州省的经验。

调查员 1：有没有介绍经验？

扶贫办干部：311，622，1 加 10 模式。

调查员 1：您觉得对你的工作有推动吗？

扶贫办干部：有，让我看到好的思路和方法，才能扶贫。今年从 4 月 16 号开始，我县开展扶贫攻坚百日会战。

调查员 1：这个文件就是 4 月 16 日的，连续发了很多。

扶贫办干部：是，县里的李书记和郑县长，带着我们调研如何"从群众中来，到群众中去"而形成的。书记做了五年多县长，一年多书记，带领我们向前走，七年多时间了，非常好。

调查员 1：刚才提到的郑县长是新来的？

扶贫办干部：对，县长当书记，他来当县长，他很务实，亲力亲为，易地搬迁整个过程全程参与，心思缜密。

● 政府扶贫：易地搬迁

调查员 2：盐津县易地扶贫搬迁文件是 2016 年的文件，这个文件您有吗？我们可以看看吗？

扶贫办干部：有。这个文件正在调整，我们也可以提供。

调查员 2：还有我画出来的一些，生基坪安置点，今年扶贫项目有易地扶贫搬迁，这两个点项目详细资料能提供给我们吗？

扶贫办干部：提供给你，做访问也可以帮你联系。

扶贫办干部：就做好易地扶贫搬迁工作，我们现在成立了联建委员会，选5~9名代表进行管理，村里由理事会和联建委员会来管理这个易地搬迁，建立起了工作机制。

调查员1：什么时候成立的？

扶贫办干部：跟着项目规划走的，房子怎么建、在哪建、百姓说了算。

调查员2：（联建委员会）的成员是谁？

扶贫办干部：全是百姓，从易地搬迁贫困户中选出的代表，全是贫困户。建档立卡的"卡户"。

调查员2：理事会和这个是什么关系？

扶贫办干部：理事会是现行村民自治的有益补充，是基层社会自治组织形式。理事会的全称是某某村民理事会。

调查员1：这个什么时候开始的？做法很独特，如果可以我们要去访问。

扶贫办干部：我记不清了，几年了，全县都有。

调查员1：并不是针对扶贫项目的，是村基层治理组织和制度建设？

扶贫办干部：是。

调查员2：联建委员会的情况，是什么建制？

扶贫办干部：是由易地扶贫搬迁群众选举产生。根据大小，基本是5~9人，有具体分工。

调查员2：分工是怎样的？

扶贫办干部：哪个负责工程、质量、报价，百姓房子的质量、价格百姓说了算。

扶贫办干部：我们要沉下去调查了解，换位思考，融入百姓，书记对政策要考试，要求每位同志都要熟悉扶贫政策，不然就要被淘汰，严格管理干部队伍。如"十三五"规划，省里面的说法，亮点怎么说，比如说"四个意识"，随时考核。还有书记亲自走访，对扶贫很有情怀，下乡去给群众砍柴，工作带有很深的群众感情，下基层从来不介绍自己是领导，与百姓交心，没有架子，昨天晚上带我们开会开到 11 点，我们笑称为"夜总会"。

调查员 2：联建委员会是咱们县独特的做法？

扶贫办干部：这是我们独创的，"1668"工作法。

调查员 2：这是其中之一吗？

扶贫办干部：对，是"1668"工作法中的第一个，即一个机制，但是不要宣传，这是我们的独创，我觉得易地搬迁是亮点。没有宣传是因为不想宣传，书记干事但不张扬。

调查员 1：联建委员会是从去年开始的吗？

扶贫办干部：易地搬迁开始就有。

调查员 1：什么时候开始的？

扶贫办干部：2016 年。过去扶贫系统引入的易地搬迁和现在有区别，当时是小规模小范围。

调查员 1：现在规模大？

扶贫办干部：从 2016 年开始，中央出台了文件，才有了三年行动计划，全国 1000 万人，云南 100 万人，昭通市 10 万人左右。盐津是 4500 户 16720 人（不确定）上面的规划。

三年行动计划，从 2016 年到 2018 年，但是搬迁人数有所调整。中央出台政策，规模限定为"卡户"，10209人是专门针对"卡户"的。

调查员 1：这个数字是涵盖在 16720 人里面的？

扶贫办干部：是，但有新调整。16720 人包含 10209人。现在的计划是 10209 人，以前是 11149 人。同步搬迁是 1500 户。

● 贫困面貌：地震灾害

扶贫办干部：我们这里是马边地震带，是地震活跃地带，2006 年 7 月 22 日就发生了一次地震。震级是 5.1，震源深度 10 公里。在豆沙镇，你们现在看到的是灾后重建的一部分。

调查员 2：损毁严重吗？您去救灾了吗？

扶贫办干部：我当时作为灾后重建工作队一员，参与了灾后重建。

● 政府扶贫：易地搬迁

调查员 1："1668"工作法——一个工作机制、六个群众说了算、六个不准 、八个功能配套，八个功能配套之前是工作规则，不涉及资金，八个功能配套是社区发展方法，针对小区和新村及安置点的，预算是多少？

扶贫办干部：因地点和人员不同而不同，有的地方建设老年活动中心，按照缺什么补什么，不断完善。

调查员 1：如果都没有，修建每个厕所要多少钱都规划出来了？

扶贫办干部：每个地方不一样，要审查后再建设。

调查员 1：安置点规模有大有小？

扶贫办干部：最大的有 416 户，在落雁。小的也有，如生基规划的是 56 户。

调查员 2：在补助资金之外，还需要百姓出钱吗？

扶贫办干部：原则上自筹不超过 1 万元，过去是"656"，比如说，有偿政策性银行贷款 6 万元，国家当时补助的是 6 万元，配套 5 万元，过去是按照云南的政策是按户补助的，今年 2 月 28 日后统一按人补助，我们专门做了整改，把政策给百姓讲清楚。

调查员 1：政策性贷款 5 万元，3 年还么？

扶贫办干部：当时的政策是 3 年延长到 20 年还款期，是当年不是现在。现在政策全部取消，没有政策性贷款，现在执行中央政策，百姓负债不超 1 万元，人均 25 平方米以内。

调查员 1：原来不限制人均多少平方米？

扶贫办干部：不是，我们设计的户型是 90~120 平方米，不会让你无限扩大，但农村一个四口之家，尤其农村人的生活习惯，要放置生产工具。要腌制腊肉、晒玉米，略显不够，环境改善，面积缩小，百姓有个适应的过程。

● 政府扶贫：扶贫干部

调查员 1：我们访问扶贫办会有个小册子，里面包括相关的扶贫政策，你有吗？

扶贫办干部：有。

调查员 1：一个月一本扶贫日记，半本是多少天完成的？

扶贫办干部：不一定，根据工作，据实记录。

调查员 1：直接到户的访问？

扶贫办干部：去了解农户情况是否真实。

调查员 1："建档立卡"的户是否要贴在门上？

扶贫办干部：明白卡要贴。

调查员 1：建档立卡贫困户都会有吗？

扶贫办干部：有，这是挂包干部要去做的事情。"挂包帮""转走访"，这是云南的做法。

调查员 1：全县大概有多少"挂包帮"的干部？

扶贫办干部：3000 多人。两年一换，局部调整，在冬季的时候，准确的数据联席办在掌握。联席办是县委下面的单位。我们有很多工作队。工作队的信息也在联席办吗？

调查员 2：假设每平方米 800 元，价格是由联建委员会和施工方协商，政府做什么？

扶贫办干部：指导和协调，工程谁来建不是政府决定的，建房涉及价格，不能由政府决定，有市场价格，群众与承建方共商。

调查员 2：自己找施工单位？

扶贫办干部：政府帮助寻找，但要竞标竞价，要签协议，预付保证金。

调查员2：竞标的甲方是联建委？乙方是承建公司？

扶贫办干部：但是（政府）不能袖手旁观，要把情况跟老百姓说清楚，不能让百姓吃亏，这是责任。

● 政府扶贫：精准识别

调查员1：周主任，精准扶贫的台账在哪能看到？

扶贫办干部：分布各乡镇，只能看，不能随意改。

调查员1：威宁的台账每年特定时间才开放？

扶贫办干部：系统开放要待上级通知。平时只能做好统计台账，按程序确定进出人口，记录好变化情况，待动态时进行调整。

调查员1：每个月都回访？其他的呢？"挂包帮"的干部呢？

扶贫办干部：对，都有明确的要求，还要精准派出驻村扶贫工作队。

扶贫办干部：我县从县委书记到工作人员都要"挂包帮"扶贫困户，人人挂。"卡户"能自立自主就不是贫困户了，贫困往往是肢体上有残疾，思路不开阔，走不出去。

调查员1：您说的是贫困原因的归类，我在西藏选择了贫困发生率最高的县进行调查，了解到指挥部将贫困原因做了一个图，贫困原因都是归纳出来的，贫困台账您能给我看吗？让我们对县情有所了解。

扶贫办干部：这个有变动，要经过反复的甄别。

调查员1：以户为单位的？

扶贫办干部：是的，但原因是多方面的。

调查员1：这个表在设计上有问题。

扶贫办干部：我觉得调整后会有好转。

调查员1：我当时和西藏那个县扶贫办主任探讨，他也承认。

扶贫办干部：我觉得要识别后，再调整。

调查员1：这些干部下去之前你们都会培训吧？

扶贫办干部：对，会培训，但是干部天赋悟性和能力有差别，识别的能力就有差异。举个例子，一家四口，一个智障，一个因病，一个没有劳动力，需要综合研判。

调查员1：您培训的时候会讲吗？

扶贫办干部：我会用我在实际中见到的案例去给他们讲，我们的方法是：下去后，摸清家里几口人；一看房，二看粮，三看劳动力强不强，四看家中读书郎，五看村容村貌怎么样。

调查员1："三评四定"是什么，是你们总结的工作方法？

扶贫办干部：是评定方法，每个人都要掌握，内部评议，村（组）党员会评议，村（组）民会评议；村两委初定，村民代表议定，乡级审定，县级确定。

调查员1：群众评议环节能保证谁最贫困，但是对于贫困的原因就有不同的理解。

扶贫办干部：但是，我们可能看到的是表象，比如您今天穿的朴素，把您划到一档，但是您穿的时髦了，又变化了，不一样，要综合研判。

调查员 1：但是为了保证更精准，贫困识别中的原因要容纳两到三个呢？

扶贫办干部：但有个问题，设计表格是为了搞清原因，这对家庭结构复杂搞不清楚的农户，你去识别的时候，如果不谈心，不深入了解，问的问题简单、粗糙，还是搞不清楚，要解剖麻雀，把自己摆进去、融进去，不然调查有问题。

调查员 2：贫困的识别在操作中有很多问题，识别出来的贫困户一般来说有指标分解的，10209 人，是上面分解的指标，还是我们自己识别的？

扶贫办干部：此数是易迁人数，是上面下的指标。基层摸出来的数据，可能与上边的数据有一定的差距，但是上级明确是 10209 人，就要做实工作，逐一抓落实。

调查员 1：自己现有调查数据库，根据政策在做调整。

扶贫办干部：因事物的发展变化，可能有调整，当年你报上去的可能就不是，上面下达的计划，下面只能执行。只能做规模控制。

调查员 1：继续说贫困识别，有进有出，进的标准和出的标准是同一个吗？

扶贫办干部：出的标准是这样，今年我们的标准是3050 元。2017 年是不是这个标准，还有待上级通知，每年收入不一样，要以通知为准。

调查员 1：我们曾经调查过有些地区不是每年调整的。

扶贫办干部：我们的标准是每年都在变化的，今年是3050 元，收入增长的幅度很难说，明年可能会变化。

调查员 1：我们在威宁调查，是两年调整一次。

扶贫办干部：我们省的调查方式可能不一样，所以与威宁不一样。

调查员 1：你们出的标准是根据当年贫困划定的标准，进和出是一条线吗？

扶贫办干部：您什么意思？

调查员 1：扶贫政策曾经有出和进不是一条线的情况，我了解过。

扶贫办干部：这个应该两分开来说，库里面有 1000 人，按今年计划，出去多少根据计划，假设我出了 500 人，我就要按标准测算该不该出，首先 3050 元是最低标准，但是超出这个标准的人会出去，上级要限制出多少人。

调查员 1：有总量的控制，目标分解，每年要出多少？

扶贫办干部：有脱贫标准，退出的收入一定要高于 3050 元，但是进一定要比出去的穷。所以不是有标准，出去就是该出去了，进来肯定比出去穷。

调查员 1：有的不是返贫，不是穷。

扶贫办干部：每年都有调整。调整没有比例。

调查员 1：比如说你们有返贫的数字在工作报告里？

扶贫办干部：有。

● 政府扶贫：贫困标准

扶贫办干部：这位是蔡副主任，专门管系统、退出和进来是不是一个标准？

扶贫办主任：不是一个标准，人均纯收入都不一样嘛。那退出标准 2016 年是 3050 元，进入的是国家的标准 2300 元，是 2013 年国家贫困标准。3050 元是现在的。现在统一标准是 3050 元。

调查员 1：那不是一个标准么？那就是全省全国统一的？

扶贫办主任：我们现在那个系统有国家、省、地方标准，我们统一用的国家标准。

附录四　生基村委会访谈节选

受访者：盐津县生基村村支书

调查地点：盐津县生基村

调查员：李春南、沈茜

整理员：刘慧丽

场景：该村书记在村委会任职已经接近八年时间，从村主任一直做到村支书，他全程参与近年来村内的扶贫实践，对于近十年来村庄因为政府扶贫政策的推行发生的变化非常了解，调查组通过与他的交流，了解了精准扶贫机制在基层的实际运作情况，以及出现的各种问题。

● 产业扶贫：养殖鸡

调查员 2：鸡苗是在哪里买的？

村支书：滩头。它的基地在那里。盐津什么滩头那一个分点，就在大桥盐津县以前的烟草公司那栋房子。离着大桥过来，大概是 50 米吧。

调查员 2：当时这个鸡苗 10 块钱一只，市场价当时是多少？

村支书：不知道。因为采购这方面我们村上没有参与。

调查员 2：我是说那个时候我们自己去市场上买一只鸡是多少钱，就是买一只小鸡苗。

村支书：这个差不多，因为我对这块，我们自己也没有喂。我们没有买。我们现在有五六只鸡，但是是我们自己的鸡孵化出来的。

● 产业扶贫：养殖牛

调查员2：上次我跟您去看了很多养牛户，我们卡上写的一头牛是多少？10000元？

村支书：5000元，两头牛是10000元。

调查员2：他们很多人说那个牛不值这个价钱。

村支书：这个我们没有办法，是政府采购。

调查员2：比如说我们自己去买个小牛，在市场买的话，多少钱？

村支书：这个我也说不清楚，但是按照去年、前年这个牛的价，应该是4000元，但是这次是买方包送，不行的可以包换，3000元左右。而且我们养牛就这么一次发给他，以后就再也没有了。

调查员2：我们会怎么检查他们呢？

村支书：当时发下来有一部分是，因为运过来的牛都是圈养，不是散养。所以发的那天是下雨，有些牛就感冒了，还死了一部分。

调查员2：死了多少？

村支书：我们今年没有统计，去年应该是20头左右。总共发的是200头。

● 产业扶贫：养殖猪

村支书：存活率最好的应该是猪。

调查员 2：猪不是说不是采购，是自己买吗？

村支书：是那种以奖代补，一头 600 元。

● 扶贫创兴：村集体经济

调查员 2：我想问您一个问题，因为现在全县都在做村集体资产公司。当然，您个人不一定有办公司的经验，但是对于我们这个村来说，其实是有经验的。我觉得您可以走得比别的地方更好。昨天我们说的那个，你说 5 亩地入股 10% 的这个尝试，我们就觉得小了。因为我们是看过去，看生基村过去历史的资源，过去有这样一个经营传统，所以就觉得应该站得更高，做得更好。您觉得呢？

村支书：对。当时副乡长给我们介绍这个，他说最开头是按照 5 亩地，投资的价钱，我们只能占期股。他说，为了方便或者你们村子这一段时间要组织老百姓进行茶叶改造，他们的修建，所以给我们 10%，当时我就没有点头，也没有摇头。要考察一下再来决定。

调查员 2：这个问题是对生基村的。你们来看现在的这个方案，现在全县都在推的这个村集体经济方案是不是适合咱们这个生基村。因为不见得很有针对性。

村支书：作为我们生基村来说。

调查员 2：你看你已经有一个茶厂，现在等于说它慢慢地有了一大堆问题，我们也访问了它的支书。现在是把它摆起来，然后我们再做一个。

村支书：对。这个是属于我们农村的，我们老百姓的。在管理上、在操作上跟他们那个是不一样的。

调查员2：但是现在的情况是不是整个，如果考虑到那茶厂在内，是不是它们的情况要更困难一些。因为有跟公司的纠纷。

村支书：不困难。因为我们这个厂修在这里，坪山茶厂的这四个小组，也在它的覆盖内。只是没有用它的土地，它采的茶叶全部可以卖在这里。因为在老百姓的心目中，哪里价高，他肯定卖哪里。而且基本上我们也不是强制性的。他愿意在公司卖也行，要在我们这里卖也行。但是最关键还是，假如我们这里价钱达到老百姓的要求，他肯定就在这里卖。

调查员2：但是你没有考虑过，把股权相当一部分给村民？

村支书：他不同意，老板不同意。

调查员2：你有跟他谈过？

村支书：还没有说老百姓入股，我说我们村具体公司可以去贷款，或者是可以跟政府一样的部分，因为我们是算贫困村，我们和政府一样，以我们集体公司的名义来入到这个公司里面。让你的股份再提高一点，他都不同意。

调查员2：不同意的情况下，你仍然觉得有合作的前景？

村支书：没有。因为我们乡上的领导意思是说，能把这个老板留下，价格的事，股份的事，先把它谈妥再说。盐津县推的这个好像还不是这个做法。所以换一个角度问，县里推动了这个东西不适合我们这个村。

调查员2：比如说我们去LT村的那个。

村支书：LY 乡。

调查员 2：那个新做的公司里头老百姓占的比重非常大。在收益分配当中的比重非常大。他不同意，找同意的，以后可能会有其他的公司。而且他们可能是跟你们的做法不一样，他们自己尝试做一个公司。

村支书：据说有个村集体公司。

调查员 2：他们也有。

干部 1：那个如果按照那个村集体公司入股，支书，我知道也不一定。

调查员 2：不是，他跟那个公司谈一个合作方式，但是同时村集体资产的公司不一定由这个企业来加入。LT 的做法是把什么山林，所有的资源都要做资产评估，按人折成股。每人 2.2 股。折成股份，再计入集体资产公司。所以人人都有份。

村支书：我们这个基本上模式也是这样的，因为这个土地哪些是，给你看一下。我们的具体工资，哪些是属于我们具体的山林、公路、学校、土地资源。

调查员 2：我们经营性的资产有多少？

村支书：记不清楚，具体的资产属于集体所有的，大的这一部分属于学校和村上的这一部分。因为其他的比如说山林、土地资源，有的是一亩、两亩，都是很分散。那么你说要在那个一亩或者几分地那里做什么也不现实。比如说生基小组是有 3 亩或者 4 亩，都是在比较偏远的，不通公路的地方。目前资产这块，集体所有比较大的就是学校和村。

调查员2：有土地确权的问题吗？

村支书：有，有历史遗留问题。土地确权在我们生基是公司这块。因为在他们具体公司说了，如果土地有争议的地方，就不要去做具体资产这块。

● **精准扶贫：数据工作**

村支书：扶贫工作大部分的时间没有做什么事情，就是花费在填表上面。

调查员2：很困难吗？

村支书：因为上面的这个，怎么说，好像没有统一思想一样。今天做完了，上面又说这个东西是要用哪一个数据，昨天做的又不行了，重新全部改。就是这种。最苦恼的就是改来改去改表。

调查员2：还有呢？其他的呢。扶贫攻坚。因为你们是比较早的，从县来说，是走在前面的，最早出列的。能用过来人的心态回顾一下，让其他的地方能少走点弯路。让你填表这个事情，不是你自己能自主决定的，是上级的要求。

村支书：对。我们乡镇好像没有统一，这个乡镇做这个乡镇的，那个乡镇做那个乡镇的。……县上有县上的要求，市上有市上的要求。就说我们云南吧，四川跟我们比较近，他们的扶贫工作跟我们是不一样的。因为我们云南有中央的，又有国办的、省办的、市办的，都要做。四川就没有。就是国办的，就只做国办的就可以了。

村支书：我们有些工作，精准扶贫做到最后，做到什么都不知道。为什么？太多了，太复杂了。尤其，今天我们的贫困户是多少户，明天是多少人。自己的头脑都是昏的。有些数字记不了，随时都在变动。

调查员2：我觉得，想听听基层，第一线扶贫第一线支书的意见。你觉得怎么样管理、怎么样治理贫困是最有效的。不需要填哪个表或者是减少哪些环节，可能就可以，就做得很好，就能达到同样的效果。过去这两三年哪些东西是不必要的？

村支书：我觉得，我认为要减轻基层干部的负担，能够达到同样的效果，还是省、市要统一口径，要统筹安排。表格来回变更，口径不一样。省市县都是不一样的。有些我看我们填的很多表是我们县上在自己做的。

调查员2：什么意思？

村支书：县上自己做的、设计的表格。其实我觉得填的表都是大同小异的。但是每一个部门都坚持要求一定要在什么时候交。所以给基层干部带来很多难题，我是这样觉得。他的数据，还有最后的结果，都是省上要的，但是县、市有它的表。但是每一套表都必须去完成。

村支书：去年和今年是表最多的。去年和今年表都多，去年有一个季度差不多是100多种表。

调查员2：差不多一户170几种表格？

村支书：今年我们做的表还是多，大概做了100种表格，1天1个，有的时候是两三个。

调查员2：我们走了，你帮我们统计一下，算一下，一户从精准扶贫开始，到底做了多少表。

村支书：可能是大概的，为什么我这样说，因为2016年，我们属于脱贫乡，我们全县滩头乡脱贫。我们做了很多表，但是最后装入档案的只有一部分。

调查员2：其他的部分呢？废了？为什么其他部分不装进去呢？

村支书：有一些是县上、市的表。县上做的表，我们乡上做的，有些部分在装档的时候文件上没有要求。因为全市是按照文件，第一张是什么，第二张是什么。但是上面就没有要求的那种表。所以很多表做了没有放进去。

调查员2：这个能帮我们尽量地看一下有多少是没装进去的表，有多少是装进去了。

村支书：我们查一下，再给你。从2014年到2017年。

……

调查员2：这个过程，你觉得一个是要统一口径，统一口径减少你们的工作量，能减少大部分工作量。这是一个很重要的意见。还有呢？

村支书：还有统筹安排时间。比如说这个阶段做什么，那个阶段做什么。因为现在是，今天安排的工作没有做完，明天又安排其他一些事情，所以基层干部就把握不住方向。不知道先把昨天的做了，还是先把今天的做了。

调查员2：应该是不同的各个口下来的吧，应该都不是统一的一个部门在给你们发号施令。

村支书：不是。有些是扶贫办、城建。一说，扶贫办要，城建也要，教育也要，还有卫生院也要。就像我们说的，我们村干部在一起，学校也需要我们去做。

调查员 2：学校他们自己填吗？

村支书：有一部分是自己，有一部分都是要我们做。卫生院的什么疾病筛查都是我们要做。所以不是一个部门在指导我们，是很多部门在指导我们。

调查员 2：各条线统筹安排时间？

村支书：对，能给基层留点余地，今天认认真真把这件事做了就可以了。这件事没做完，就安排第第二件、第三件。

调查员 2：政出多门，秋季公示，或者什么动员，一轮一轮。因为命令是从上级发出的，各个部门都接到这个命令之后，自己往下安排。

村支书：对。但是就像我们村干部说，从省、从市到县，县那里又停了一天两天，到乡里面又停了一天，到村里面，今天早晨说下午就让你交表，很多事情都是这种的。

调查员 2：这个情况很难做的。

村支书：对。因为上面一个电话让你马上做，这个东西要去做到什么程度，自己没有多大的把握。

● **精准扶贫：贫困识别**

访问员 L1：还有一个我看你们的脱贫标准也不太一样，各个县。虽然都说 2300 元。

村支书：我们是 2950 元。

调查员 2：但是国家的标准 2015 年已经超过 3000 元

了。你们没有用?

村支书:用的。我们 2016 年做的是超过 3500 元了。2017 年是 2950 元。2016 年是 3100 元。

调查员 2:2015 年呢?

村支书:2015 年、2014 年我们只是一个很笼统的数字。因为真正地扶贫工作从 2015 年才开始。

调查员 2:精准扶贫是 2015 年开始的。全国是 2014 年,但是真正到每一个地方可能是 2015 年才落实的。2014 年、2015 年用的是什么标准?

村支书:2014 年、2015 年没有多大的表来填。

访问员 L1:用的是什么标准?

村支书:当时没有标准。

访问员 L1:怎么可能没有标准呢?

村支书:因为 2014 年、2015 年没有说达到多少就可以脱贫,没有说这个。

访问员 L1:应该是有达到多少能够贫困识别。所谓精准扶贫首先是那个阶段识别,是可以进来,现在是谁可以出去。

村支书:没有。精准识别这个事是从 2016 年才做的。

访问员 L1:去年做,当年就脱贫了。

村支书:2015 年下半年做的,就是贫困怎么进来的。2015 年的贫困户脱贫了没有进入这个手续了,因为当时才起步。2014 年的贫困户没有开会决定是怎么进入贫困户的。2014 年没有。2015 年有。

调查员 2:2015 年下半年用的什么标准进入?

村支书：记不清楚了。

调查员 2：当时怎么评贫困户呢？

村支书：当时是我们县、乡、村去开会，贫困户坐在那里，通过开会就决定，然后群众申请。

调查员 2：我们有什么指导性的意见吗？

村支书：有，比如说按照上面的文件要求，按照"五看法"。

调查员 2：这个"五看法"，跟 2950 元和 3100 元，您觉得关系大吗？能对得起来吗？

村支书：能。但是这个不能说是 100%。大部分应该是对上的。为什么我们到 2017 年还有 14 户，46 人没有脱贫。因为我们老生基有些房子，一看，看不过。这部分人就不能脱贫。第一看都过不了关。

调查员 2：那不一定。虽然房子过不了关，我家有两个劳动力在外面打工，不就超过 3100 元了吗？

村支书：但是这样，他外出务工，比如说常年在外面务工的，属于全家外出这一块，他们有房子也可以的。因为有些在外面务工，他在外面已经盖了房子。

访问员 L1：不管是进入，还是出去的这个标准。在当地，在我们村里是怎么掌握的？因为这个很难算。

村支书：对，这个从资金来说，只能说一个相对性，不能说是绝对性。如说他的房子很差，但是他家外出务工。

调查员 2：或者哪怕他就一两个人出去务工，一个月两三千，比如说 2000 块钱，一年下来就能帮全家达到贫困线了。

村支书：但是他家房子还是差房，他的房子按照 D 级危房，是不能脱贫的，房子最坏。就是说我这几个标准，一看、二看、三看，哪一个是短板，以短板来定。

访问员 L1：只要你符合其中一条就是贫困户。

村支书：但是话又说回来了，一般我们定了贫困户，老百姓也说，既然是贫困户，外出务工也是赚不了什么钱的。因为怎么说，贫困人口始终观念上，头脑就应该是有点问题的。为什么说？现在政策好嘛，在我们村有一部分为什么贫穷。就是好吃懒做，有一部分是。就是等靠要的思想有点多，有这一部分人。这一部分人假如说出去务工，他就是一个很懒惰的人，一年也挣不了多少钱。有些还背着债务回来，有这种人。

调查员 2：就是说咱们识别是 2015 年，2 年以前识别的时候，95% 都识别进来了。

村支书：就是贫困的农户。这个贫困只能说相对性的。

调查员 2：有 5% 为什么没有进入？

村支书：因为很多不好说，这两家人，我们看他的经济收入、房子都也差不多，但是可能这家进了，另一家就不能进了。也就是相对性的。

调查员 2：但是这个识别是工作人员去看几看，识别的，还是说村民大家评议谁是贫困户？

村支书：精准识别是我们今年才做的，纳入贫困户，我们只是开会，动员会。但是社上自己评的，就是全部农户聚在一起开会。说我们这个社。这个还是有一定比例的，不能说我们这个社穷，全部纳入贫困户，没有这个。

调查员2：有指标？

村支书：有指标。是事先给他指标。这个社的评价要大一点，大概有一个。多给他一些指标。至于谁进来，他们自己评。

调查员2：社里评，你们把它汇总就是了。

村支书：对，我们是宣导政策，具体怎么评是他们。精准扶贫开始的时候，是要填一堆表格的。

调查员2：所以就说最开始申报贫困户的时候，这"五看"不是政府去看的，是他们自己评的。

村支书：不是。他们评，我们把政策宣传了以后，按照政策来评，他们开会来评，但是政策上我们要把握的。他们评完了，我们还要去看，是当时看。因为他们要申请，然后我们要去看。有公示，就是贴出来。

调查员2：贴在哪里？

村支书：就是一评一公示要做的。我们先是开会通过，村上要公示7天，再报乡政府，乡政府公示了以后再报县里。我们贴在村上，黑板上。

调查员2：贴了以后，有人来看吗？不识字怎么办？

村支书：有一部分识字，但是他不很重视这个。看是有人看，但是看的人比较少。比如说，我们贴在社上，有大部分人都不会看。

……

调查员2：支书，我们最后评出来这些贫困户了，我们不是要给他做表册吗，算他们的收入，怎么算？

村支书：按照他申报的养了多少猪、多少鸡，2015年是统计2014年的，举个例子，2017年识别工作，收入是2016年的，因为2017年的还没有收。

调查员2：还不知道？

村支书：所以都是他申报。我们也可以看，比如说，我家里收2000斤粮食，我们就去看，你吃了接近一年左右了，是不是还有粮食。他说两头猪，看房舍有没有纳入，这些都看。

调查员2：比如说我们算出来，这个标准是高于国家贫困线标准的，怎么办？

村支书：有一部分是。收入算出来比较高的那部分，比如说我家有4个劳力，有2个去打工，这部分人算还是比较客观的。但这部分人我们在做的时候，再多一点。

调查员2：这个是你们来算。

访问员L1：支出多了，并不体现在收入上。因为跟你算的是收入。就是你把支出算多，纯收入降低。这个是你们来控制吗？

村支书：对。因为老百姓很多东西就是，就像昨天我去问社长，你问多了，他不知道。

调查员2：他就很茫然。不知道怎么回答。

村支书：我们今天去，他说，去年的粮食是2000元，毛收入或者纯收入是2000元，到了下一次去，他就可能说是2500元。你再去，可能是1800元。都是这种。

调查员2：因为他也没有去称，他也是估一个数。

村支书：对。所以每一次去走访，去识别，都有一定的出入。

● **精准扶贫：贫困户状况**

调查员 2：我们把现在剩下的这 14 户 46 人。大概分一下类，有好吃懒做的人，有因病致贫的、残疾的、低保，能兜底的这一部分有多少？

村支书：都有。有的是，你要是说，好吃懒做的这部分人，有一部分是因为缺劳力，有一部分是因病，有一部分是因残。

调查员 2：因病、因残的有多少户多少人。能算出来吗？

村支书：这个数据都报了。我帮您查一下。

● **返贫人口**

村支书：每一次做都有一点出入。我们这次有一户贫困是返贫的，在 2016 年是脱贫的，但是现在我们实际又去调查，他的房屋和他的收入达不到。

调查员 2：只有一户返贫？

村支书：对。然后 2016 年也是有一户因灾致贫。之前他没有被列入贫困户，但是 2016 年，因为他家遭受了洪灾，还死了一个人，重新摸底，重新调查。

调查员 2：除了这个返贫以外，有没有新纳入的贫困户，新识别出来的贫困户？

村支书：没有。因为我们现在做这个贫困户面还是比较大。当时我们去开会的时候，老百姓一家一家地对比。基本上，也不敢说 100%，但是 95% 以上贫困户都进入贫困户了。

调查员 2：都进入了。

村支书：对，都进入。相对来说。

● 精准扶贫：扶贫干部

访问员 L1：驻村工作队都在，他们是 3 个人？4 个人？

村支书：县上是 3 个人。我们自己是 6 个人。

调查员 2：你们村委和驻村工作队，平常的工作是一样的吗？一起填表？还是说他们做他们的，你们做你们的？

村支书：应该说大部分是一样的，他们工作队主要是做扶贫的，但是我们村两委的干部什么都做。

调查员 2：什么事都做。比如说他们专门做扶贫，主要是什么？下去扶贫？还是说就在那儿做扶贫的表格？

村支书：该去下去精准识别了，或者回访，或者发一个什么宣传资料，去公示之类的。农村的干部也必须去。但我们村的干部包括什么农村的一些纠纷矛盾、计划生育，还有乱修乱建。反正什么都要做。

调查员 2：这些表册是不是主要是驻村工作队填的。

村支书：2017 年精准识别大部分是工作队做的。我们村上的干部带他们去下队。就是 2017 年精准识别，能够帮的尽量帮，但是大部分是他们自己做的。

调查员 2：他们的这种要求就是想客观一点，对吧？

村支书：对。

附录五：村小校长访谈节选

受访者：村小安校长

地点：盐津县滩头乡

访问员：李春南

整理员：刘慧丽

场景：生基村曾经是民国时期盐津县"苗族垦荒区"的行政中心，是盐津、水富一带大花苗的文化中心，学校教堂均分布在此，在政治动荡和市场经济的冲击之下曾经一度被边缘化。近年来，在社区精英和村民的努力之下，生基村的花山节和苗族文化活动影响扩大，逐步在形成一个新的文化中心。安老师是盐津县生基村成长的苗族精英，是生基村改革开放之后第一批中师毕业生，毕业于昭通师范。他毕业之后直接返回家乡教书，曾经担任坪头小学校长，现调任乡中心校。在他和本村苗族青年的努力之下，生基坪头小学从全乡倒数变为县级优异村小，吸引附近村庄的孩子前来就读。他虽然不从事石门坎苗文的研究或者教学，但是他组织和参与了一系列生基村的苗文推广工作，并协同本村苗族老师将石门坎苗文引入课堂，为石门坎苗文在社区的重建做了很多努力。

● 边小教育：师资困境

那时候我们上边的交通一点不方便，全部是用脚走上去的，然后又下大雨，路又稀又烂的。他们两个老师背着包包就上来了。零几年吧，我也不怎么记得是哪一年，来得比较早。那几天来的时候我们学校热情地在杀鸡，款待他们，吃了饭以后大家聊一下休息了，第二天他们上了半天的课，学生吃中午饭的时候他们两个就悄悄地走了。我看到，我问他们去做什么事情，他们说转一圈，就走了。他们下来以后可能和中心校校长说条件太艰苦了，他们要换一个学校。中心校的领导又把他们给安排在别的小学。

后面又来了一个也是这种类型。那个是个女孩，刚大学毕业，然后走路来嘛。骑了一部分的车，骑车到了白家村，然后走路。走路上来以后，边走边觉得太艰难了，走到半路上没到我们学校，到冲天槽那边，你看到下面最高的那个地方，她就回去了。那个时候毛路通了，但是车子走不动，只能用脚走。她到那儿看了以后就回去了，那时候中心校的老师说你既然在那个岗位，你报了也不去，其他地方也不让你去，她就放弃教师的名额了。

● 边小教育：撤点并校

撤学校的时候当时是 2009 年 3 月份，我们的前任校长朱世良，就是现在民政局的副局长，我们在一个学校，他是校长，我是教导主任。然后他考公务员，乡镇里面有苗族的人考公务员，就调到乡镇来上班。中心校就安排我在那边负责。民校有核桃、生基、坪茶、高屋。当时不是一次性撤并的，最先撤并的是生基小学，2009 年 9 月，生基小学，还有高屋小学是同时撤并的。当时生基小学的学生只有十多个人，一年级的招生按计划来只能招到五个学生，还有二年级，加上一年级都只有十来个学生。当时的国家允许撤并学校，为了教师资源和教学资源的整合，我们乡中心校的领导也是比较支持的。

生基小学和高屋小学都是学校的老师一起去召开群众会，给他们把上面的政策和学校当时的状况摆明，他们的孩子到了另外一个学校以后，教学条件会更好，然后他们也同意了，同意以后就撤并坪头小学。生基小学的学生全部撤并到坪头小学，然后住校，一年级进来就住到学校里，然后星期五再回家。一般都是周一的时候家长送过来，周五的时候才把他接回去。

有担心的（孩子小），当时学校条件还不是很好，但是我们老师还是比较尽职尽责的，都是守着他们，所以没有出其他的差错。住进来以后，学生都是很好的，没有出一些其他的事情。（家长）后面看到孩子住得好好的，学习也跟得上，他们也就没有担心了。

2010 年 9 月份，剩下的是核桃小学，撤了并在坪头小学，然后老师也跟着过来，这两边的老师一起上课。这两个学校当时的学生生源有点好，能够保持，当时撤的时候还有 20 多个学生。2010 年就全部撤完了。

● 边小教育：代课老师

（代课老师）他们说代了那么多年的课就这么退了，国家也没有什么帮助，他们生活也比较困难，代课老师的补偿 830 元每年。

他们那时候有这样的一个文件，代到 2015 年 12 月 30

日以前，继续代课的这部分老师如果能够通过学习考取正式老师资格以后，他就是正式老师了。如果他不能考取，2003 年已经做了补偿，后面这两年就不再做补偿了。代课老师都是我们本村的苗族。这些代课老师去考（教师）可以加分的。按代课的年限来加的，多一年加两分好像。

● 边小教育：特岗教师

2013 年的时候，我们盐津县招了 10 个苗族岗位的老师。盐津县教育局招的。我们是苗族小学，有 4 个（名额）。我和马文军老师我们两个，那时候我是校长，他是教导主任，我们两个去参加面试。他们那次机遇比较好，本来我们是全县招的是 10 个苗族的岗位，但是他们报名的时候在全市范围内来招的，报名的时候报了 11 个人，参加考试的只有 9 个人。还有 1 个人是空余的，实际上他们 9 个都录取了。我们去面试，只是看一下他们是不是真的是苗族，说一下苗语。我们学校需要的是花苗，其他村的需要的是白苗。有 5 个是白苗（川黔滇）老师，4 个是花苗（滇东北次方言）老师，我们需要的也是 4 个人。那么这 4 个就到我们学校来了。要在这个地方工作 6 年以后才允许你申请调动。

● 边小教育：突飞猛进

曾经有连续两三年时间我们平头小学只有 3 个正式老师，一个是韩金华老师，老校长，一个是朱世良，然后就是我，我们三个坚持了三年左右，带着大帮代课老师。那时候根本说不上什么成绩、学习，只能把这个村的学生勉强留在学校里边。

学校撤并了以后，教师数量逐渐增加了。2009年我们村新进入了8个老师，最后留住了6个。这些老师的进入对我们教学质量的改善起了很大的作用。他们进来以后对我们是互帮互助，很多时候他们新的知识、新的思想观念还是有促进的作用。

坪头小学是从一个全乡垫底的学校逐步爬到前列的，这也是跟着，一个是撤并学校，教师的力量逐步加强，教师队伍建设逐步加强，教师的年轻化加上教学条件各方面，还有现在领导也比较关心我们，坪头小学的所有学生都享受营养午餐和贫困学生补助。学生全部住在学校里，辅导、学习的机会就多一些。

（教学质量）逐年在提升的，最好就是去年，去年我们平头小学的小学生在全县同级别的评比当中，我们是属于四类学校，四类学校评的小学是第一名。

现在的生基，包括已经毕业的、在校的大学生有二十来个。以前老一辈的有大学生十几个到二十多的样子，中间断了40年没有，好不容易又出来了几个，现在才开始逐步好起来，又开始增多了。应该各方面的原因都有，一个是教师的总体数量和质量，还有教学方法、家长对学生学习的重视程度。

● 重建文化中心：花山节

我参与花山节是2002年以后，是我从老生基的生基小学到坪头小学以后才有的事。本来花山节的事情，我这方面是在读师范的时候，昭通市的一个老师杨世武，他在昭通市文化馆当馆长，也是一个能歌善舞的人，就组织了我们在校的一些学生和社会上的一些青年，成立了一个昭通市阿卯芦笙艺术团。1997年我参加了这个艺术团，然后在他那儿学到了一些芦笙舞，还有苗族的一些东西。

在他那儿学了这些东西，回来以后，因为在老生基那边，花山节这块他们也没有开办，办也是办得比较杂乱。然后我过来以后把当时在杨老师那儿学的舞蹈，带给这些群众们。开始是在学校里做的，带着学生在校园里跳，过六一的时候学会的那些芦笙舞。后来他们村两委说我这个舞蹈可以，拿到花山节里让我教群众，教各个生产队来的这些人跳舞。我教他们，然后很容易教的，反正动作也简单，一教就会，我就把他们教会了。教会了以后每年都从这方面去做，然后挖掘一些民族的、苗族的歌曲、舞蹈，尽量朝这个方面引导他们，这样慢慢一年年就热闹起来了。

1998年的时候，我们这条铁路也就是内昆铁路开工典礼的时候，杨老师组织了200多青年男女跳了一个大型舞。那时候我在学校，也是艺术团里的人，我们就去和这些农村青年一起跳这个舞，然后在火车站那时候还没有修好，平地去跳这个舞，庆祝开工典礼。我去看了，那年参加了花山节，看到他们那儿人山人海，全部穿得是苗族服装。

我回来以后就把我看到的这些跟村长提一个建议，建议我们逐年要增加民族服装，鼓励他们穿，参加自己的节日、互相学习，然后一年年穿得人越来越多。

小时候参加的花山节穿民族服装的不多，自己想穿就穿，没有硬性的要求。所以人比较少，特别只是女同志在穿，男同志基本上不穿，只穿便服。印象中人不多，当时参加感觉很热闹，但是总体比起我们后面主办的没有那么热闹。

花山节的事情，基本从头到尾都在做。我重点负责体育、文艺之类的一些管理，带着他们的队伍排练节目，是这些方面。

后来交通方便，外边的人听说要搞花山节，外来的人一年比一年多了。好像去年一万多人了，车都停不下了，教堂往那边还停不下。

● 重建文化中心：苗文培训班

最早的苗文培训班在 2011 年，我们第一次请了陶绍虎老师下来。我和朱世良老师提议的，那时候他在乡政府干。以前我们在生基的时候没有网络，朱老师到乡政府以后接触了网络，然后他参与了三苗网组织的一些活动。他也可能在这方面接触了外面的一些思想，就给我提出想把这个苗文办一个培训班。然后我就让他去联系外面的老师，他也联系了陶老师。还有吴成学他们一起联系的。

（资金方面）他就带着我们两个到县上去"化缘"。去民宗局，去很多单位，里面稍微认识一点的人都去。比如民宗局当时的领导给了两千块钱，最后说因为我们这个事情他们也不怎么放心，怕我们拿来做不了事情，然后他们告诉我们要村委会的领导去要，这样名正言顺的，我们又不是村委会的人。我们要带他们去的时候，他们开始是答应的，后来要出发的时候他们找借口推了，没跟我们去。

还有交通局，里面有一个同志，这个人曾经到我们村来干了一年，然后这个人也是比较开朗、比较活跃，还到我们村来挂职一段时间，还成立了一个篮球队，队长就是马文军老师，关系都挺好的。这个人是一个很记得这些情谊的人，他回到这些单位以后一直和我们有联系。我们凡是在下面他认识的人到了盐津去办事情，不管是做公事，还是私事，只要他知道了都要出来见一面，然后都要跟我们安排生活、住宿。他家里并不是很困难，父母是经商的，自己的工资基本上是自己花销，所以确实比较大方。交通局要了四五千。政协挂钩我们生基。反正一两千，几百块钱好像是。

我们两个人第一次总的资金四五千块钱。我们买了一头猪杀，然后自己在本地买一点蔬菜，重点是提供给70多个学生一个星期的生活用，这样就把它办下来了。就在坪头小学里面。

当时办这个给政府说一声就行，也没有那么严格。第一次办这个苗文培训班的时候，我们村上有支持的，他们看到我们钱也要到了，也正式开始办了，他们还是支持的，村委支持了我们一千块钱。教会有在人力、管理各方面都出了力：教会的人员过来参与，搞一下后勤。

这个苗文的筹备人员有我们学校的几个老师，马老师、安老师，还有村两委的，当时的效果挺好的。因为很多人喜欢这一方面的、都有基础，通过正规的培训，可能有十多个人学习比较好。来学的都是我们本村的，就一两个像水富三角那边。学成了可以当老师的有好几个，后来陶老师还发了资格证书。

陶老师之前我们认识，我们去昭通参加过滇东北次方言的苗文促进会。这个是朱世良老师介绍的，他带着我们去的。先参加这个会认识了陶老师，然后我们那个村去了五六个人，全部是年轻的，陶老师就觉得我们下面的人比较积极。他们很感动，后来陶老师选择的第一站就到我们这里来了。

我以前接触过苗文，但是没有好好地学，所以直到现在都不懂，只是在参与中跑。跑去参加这个苗文促进会学了两天多。他们几个老师都在教，陶老师，还有昭通的杨健康老师和张义祥老师。杨体耀老师以前也是中学老师，退休以后就跋山涉水去搜集这些苗族的民间歌曲、故事，出了很多书。我们之前就认识了，我们苗族的这些老前辈们也逐年逐月在减少，也不多了。

我的苗文断断续续地在学，就是自己不用心，现在都没学好。我觉得这个东西不一定我要懂，有这个能力也可以去组织，让更多的人懂，比我一个人懂效果还要好得多。因为我们苗族很多传统的文化，一些歌舞如果不懂这一块的话，我们都没法继承和发扬。所以我觉得和朱老师、吴老师他们一起努力在做这些事情，目的就是要把这些东西继承下来。

去年这个苗文培训班我组织他们上下课。去年效果还是好的；有很多成员也是好的成员，又进行了巩固，还有一些新的。去年主要是大中专、在校学生这块，因为我想让我们的学生不只是汉语言文化达到了很高的级别，自己本民族的语言文字也不能丢。

附录六：代课老师访谈节选

受访者：朱老师

地点：盐津县生基村

调查员：李春南

整理员：刘慧丽

场景：朱老师是生基村村委会的干部，热心于社区公共事务。在担任村干部之前，她当过十年的代课老师。她的经历丰富，曾经是村小组长，在村易地搬迁工程以及之后的事件中发挥了关键作用。

● 代课生涯：复式教学

调查员：SJ 村当时的情况也是这样。

朱老师：开始住在 SJ 学校，后来是民办，两个老的一直在那里代课，老了隔远了才调到中心校去了，我嫁去他们家，在罗角住了一年，我们就一直在中心校，我们在底下没有住多久，姐姐她们也走了，还有一个幺妹，想到老的也不容易，我们就回来了，在这边代课。1994 年还是 1995 年我回来的。回来就是带着娃娃，一起过来了，我们娃娃的户口在底下。

调查员：当时开始代课吗？

朱老师：回来在家里面歇了一年，就到这边来代课，具体时间我都记不得了，后来代了两年。在坪头是哪一年我记不得了，我带了一个娃娃，我们那里有一个民办，我在这里代了两年喊我回坪茶去代，在坪茶代了两年左右中间就停了，有点负担重，那个时候工资低，代课那个时候工资 80 元，那阵我还有一个幺妹还小，家里面负担就是我母亲一个人，我们想到起带了一个娃娃，中间又休息了一两年。

调查员：回来之后第一个代课的学校是哪一个学校？

朱老师：坪茶小学。教一年级，全包干。

调查员：把他们带到六年级。

朱老师：代课老师都是教一年级，我教了十多年的书，教了八年一年级，我给他们反映，基本上一年级的书，我不看书都背得。

调查员：一年级的什么？

朱老师：语文、数学都教。一年级基本都是思想品德没有上，一般副科不上，只上正课语文、数学。

调查员：体育、美术有没有？

朱老师：少得很，一个星期只有一节体育课，那个时候早上 9 点钟上课，下午 2 点钟放学回家，基本上没有副科，副科是最近这一两年才有品德生活，当时只是有语文、数学。

调查员：在坪茶小学呢？

朱老师：在坪茶小学教一、二、三年级，头一年教一年级，第二年教二年级，只有两个班，是一、二、三年级。今年教一、二年级，明年就教三年级。

调查员：是复合班？

朱老师：对，我教了两个班，教了两年又休息。

● 当小组文书

调查员：休息的时候做什么？

朱老师：做队上的文书。这个有工资，但是低，一年80多块钱，那时候有点不懂，我们两个干一年分下来我得80多块钱，那个时候有什么工钱这些，就招呼到你那个社，一般很少开会，基本上一年开两三次会就完了。文书就管本村经济，记一点经济。

调查员：我们有集体经济吗？

朱老师：现在没有了。当时队上没有规划的地有很多沙树，就要卖，一年要卖一些出去，卖的钱就归队上所有，比如这个数出一点义务工，请人这些就拿来开销。

调查员：当时一年能够卖多少？你当文书的时候。

朱老师：坪头在生基来说是经济最发达的一个，一年可能还是有几百块钱，三四百块。有些时候卖树子看大小，有一年我们卖到五千多块，但是那一年是最后一年，全部倒了卖。一年可以卖几窝树子，作为集体经济收入。

调查员：这是哪一年的事情？

朱老师：1997年，大概是1997年、1998年、1999年这几年，1999年当了，2000年就开始选举了，老朱就选到村委会来了，我就没有选。

● 代课生涯：流动代课

调查员：22岁结婚，等到您回来的时候是多少岁？就是1995年回来的时候。

朱老师：在底下随时都回来，那个时候他们没有土地，结了婚在底下代课。

调查员：1995年回来转这边来的时候年龄多大？

朱老师：没有记这些。没有30岁，后来我回来就喊我，在小组当文书，我老父亲这些也是党员，后来介绍我入党了。今年刚好21年的党龄。回来我去教一年级双语。

调查员：苗文老师？

朱老师：教一年级，女娃儿要有耐心一点，教一年级对娃娃好一点，那个时候在我们这里，后来为什么不在生基代课的原因，我们这里都是少数民族的娃娃，我们家对娃娃卡紧一点，家长就生气，人家娃娃做不起作业，你骂他，他就说老师凶得起，我不去了。教了几年我就不教了，回来要了一年多，我的启蒙老师马老师到我家里来说，你不在生基代课，我把你喊起走了有点不好，那个时候一般初中生少，我也是这个村的人不少，他看我歇了一年多，他就亲自跑上来，他说你去下面代课。

调查员：大概你是2000年之后去的JP村。

朱老师：一直就在那里代。SP学校，那儿也是民办小学。

调查员：只有一到三年级，还是有一个完小？

朱老师：也是一个民办学校，也是一至四年级，也是跟我说的这种样式。就是一年少一个班，是两个老师教三个班，就是1~3年级，要么就是2~4年级，换着教。民办报中心校，把SP学校撤了。

调查员：什么时候撤的？

朱老师：时间我记不得，SP撤了以后，在ED待了一年，老师就满月了，就取消代课老师，我就回来了，回来耍了一年，零零点点又去代，回来了半期又跑到这里来代课。

调查员：哪里？

朱老师：就是这个学校DMP，也是PT小学，代了一年。过来就代三年级，后来满一年了又分到老师了又回家了。

调查员：你就相当于排出去了，被正式老师。

朱老师：又回家去了，ED差老师，又喊去ED上课。上四年级的课，去待了两年就回来了。那时候是中间有些隔了，回来了一年，可能2013年就回来了。这十多年的代课经历就结束了。

● 代课生涯：双语教学

调查员：你觉得我们这边苗族孩子一年级或者低年级的时候有什么困难没有？

朱老师：困难有，才来的时候基本上就是，我给他们开玩笑，我说人家大学生来都教不住，只有我们这些水平才教得住。

调查员：为什么？

朱老师：外面来的，汉族老师来，他就懂不到，你翻译成苗文，他才来一、二年级，只要把他学校的基本知识掌握，他一般学不到多少，他来主要学一点汉语，从小跟着父母亲，连一点汉语都不懂，来你就慢慢教这些，教书 123 都要慢慢翻译，你在黑板上写 1，你要翻译苗文是什么还要比，在我们语言当中是 1，二年级就是 A，你就叫 1、2。

调查员：要给他翻译。

朱老师：就一直这样教，教会了，一直教数拇指，他自己会数拇指的时候，一学期已经接近一半了，才来的时候真的非常困难，有些时候你说话他纯粹懂不到，现在就好了，现在基本上在家里面看电视，还有出去打工就带出来，他就见识多。我才出来教的时候，娃儿们怕得很，有些你一说汉语他就哭。他懂不到，他哭你吼都不敢吼，所以后来我说不在这个地方代课了，好多都是生基的，你在于不在生基代课，怎么在 JP，我是 JP 小学的学生，马老师把我带出去，马老师把我教出去，我必须在这里，我就给他们开玩笑。我们在这方，全都是我一个人教，所有学校的教务事情。我们必须全乡来评，考得最好的就会有很高的奖金，我在 SP 去教，考的全乡的第二名。

调查员：这么厉害，SP 那边是汉族还是苗族多？

朱老师：汉族多，因为我们就是边界，那边 GW 组的都在 SP 小学读书，一、二、三年级都在 SP 小学。因为那里就要近一点，那里是主校，那个是汉族的点，马老师也是个汉族，他把我喊去，基本上周围的小朋友全部都去了。

● 代课生涯：转正的挫折

朱老师：我的心目当中还是教书，当老师是最高的，现在我在街上有很多老师，中学的老师，有几个学生都是已经在中学当老师，但是碰到我还是喊老师，我觉得这个名声很好，在我的心目当中，永远还是想当老师，但是这后面，我们去进修大专。

调查员：什么时候去进修的？

朱老师：2011 年到盐津师范进修学院。那个地方喊的教育学院，进修就是大专，后来去考了两次不过关。就是拿不到教师资格证。

调查员：太可惜了，你做了这么多年教育。

朱老师：我们普通话不过关。那时候教书没有用普通话，教普通话都是南腔北调的，就是普通话不行，就是考两次没有过关，我也就灰心了。

调查员：应该没有限制的，你想考都可以，现在还可以考吗？

朱老师：这个普通话还是不行。还有自己家，已经习惯了，就是虽然教那么多年书习惯了没有用普通话。因为考普通话的时候，那个电脑上考，他就会给你一篇文章让你念，你念错一个字有扣分了。

调查员：这个好难，感觉都在错。

朱老师：自己心里一紧张，念什么都是错的，开始还是念得可以的，念着只要错一个字，心里就慌了，只要你一停顿了，只要心里一慌全部就是错了，考了两次，有一次考三级。

● 代课生涯：清退补偿

调查员：其实主要是能够给你提供一个保障，因为代课老师做了这么多年，也很辛苦，其实补偿了你多少钱？

朱老师：只补助了十年了，我就是连续干了四年了，间断的几年就不算，就补了十年。

调查员：当时给你补了多少钱？

朱老师：8300元，那时候每个人按什么文件，一年补助8300元。

调查员：你后来不做代课老师，也不是因为自己不想做。

朱老师：因为满员了，老师满员了。

调查员：就是从外面招的老师也够了。

朱老师：因为全部学校合并了，就要不到那么多老师了，基本上每一个村只有一所学校了。

调查员：这个撤点并校的时候你也在，这些点是应该被撤掉的吗？你觉得？

朱老师：学生太少了必须撤，娃娃多远去读书，一天到黑一身都是泥巴，条件只有那样，因为学生少，全部必须合并，就是文件上喊必须合并就没有办法，只有合并了，中间间接断的就不补了。

调查员：您还是很想继续当老师的，到我们村上来工作，您还觉得不如当老师？

朱老师：当老师不管走哪里，都是比较受人尊重的。

● 村干部工作：低保工作

调查员：当村干部呢，会受人尊敬吗？

朱老师：不骂你就好了，现在的资金不到我们村上，很多老百姓都不理解，都说你们村干部吃了我们的钱。

调查员：你们没有跟他们解释吗？

朱老师：去年给他们解释了，反复地解释，因为有些老百姓他的低保他去查，因为现在低保打在卡上面，他就查不出来，有些时候农村低保是半年才发一次，六个月才发一次，有些去查没有，他就说村干部把他钱吃了，把他扣了，他就这样说。

调查员：你们得反驳啊。

朱老师：我们不会跟他反驳，反正我们就说，要么给他做工作，做不通就喊他自己去查，因为现在钱不在我们手里。

调查员：这种误会应该可以解除的，因为这个钱到了他就知道，不是你们吃了啊。

朱老师：到了他不会来说。

调查员：他就知道是他错了啊？

朱老师：老百姓不会有这种意识，认为自己永远都是对的。我们去年就遇到一件事，明明打了钱在他卡上面，他老公把钱取了，老婆天天来找我们闹，就说钱没得到，虽然我们登了你的卡号你设了密码，我们也没有他的卡，她天天问我们，后来我们也没有办法，带她去财政所查，只有这个办法，因为现在钱不经过我们手，而且你有多少我们也不清楚，补贴给你们多少钱我们纯粹不晓得，我们只在表册上面看到那个名单，但是到底钱到不到账，我们是不知道的。

调查员：带她去查了以后呢？

朱老师：带她去了，她自己来拿，第二天她跑来，她说不晓得老公把钱取起走了，整得我们很冒火。如果我不是村干部，是一般的平民百姓的活，我觉得会跟她大闹一场，你天天来找我闹，到时候你说你老公把钱取走了。

调查员：真的太难了。

朱老师：这个工作是最不好做的。

● 村干部工作：扶贫工作

朱老师：现在我们的贫困户是经过社开会选出来的，但是有很多他选的有些是，文件上面说的太穷了都不能纳入贫困户，为什么？因为他是懒不做，你再扶贫他，太穷的不能扶，不是说你干不得，我们青杠有一家，一个老的三个小伙子，穷得很，为什么不给他。

调查员：为什么？

朱老师：懒啊，不做活路。他们就是找一点吃一点，有三个得力的就是二十几的小伙子，他的妈妈跑了，他们就跟着老父亲生活，养这种懒的人，现在就出去打工了，找一点钱把钱吃完了才去工作，家里面不种庄稼，这种我们不扶贫，你再拿很多给他，你拿牲口给他喂他不喂，他巴不得你发一笔钱给他，你拿钱给他，他三天两天就用完了，还不是就扶不起来，所以这种我们就不扶。

调查员：在选的基础上你们也会调整是吗？

朱老师：我们不调整，但是我们要把这个政策给他们说，就是好吃懒做的不能纳入。

调查员：这样的人应该不多。

朱老师：不多，但是还是有，基本上每个社还是有一户两户。

调查员：就是说这总的加起来也不算是大量的。

朱老师：但是评的时候，他们评了，我们不能改，因为我们改了老百姓就会闹，我们不能改变，很多老百姓开会评的，你再评富裕的来我们也是认可，如果我们不认可，老百姓会说我们把他们选的改了，他们就会闹。所以我们青杠就是，有几户随时都找我哪家富裕得很，因为我是包片的，我说这个不是你选的，是你们选上来的，是你们投票选上来的，我不会给你们调。有一家就是，有两个女孩，父母结扎了，她享受低保。

调查员：现在还是吗？

朱老师：现在还是，今年全部取消了，独生子女这些都取消了，现在没有这个说法了，国家二胎（政策），你不存在是独生子女了。年纪轻轻的两个，人家去打工，现在家里富裕得很，人家有车子这些，都是纳入贫困户了，但是那种我没有办法，是你们选上来的。

● 村干部工作：低保评选

调查员：国家政策两女结扎户是必须选的。

朱老师：两女结扎户必须吃低保。今年把他们全部筛选出来。

调查员：我们现在的低保也是选的吗？还是直接定的？

朱老师：低保户今年才开宣传，还没有正式开始，文件上说的，老弱病残才能享受低保。就是老的你做不起，还有家里面有大学生，这个经济困难，你必须写申请，到村上来评，评了拿给乡政府认，民政局还要给你认定低保。要有学生，如果你没有学生，现在低保只有减没有增，因为我们都脱贫了，你还在享受低保就不行了，文件上面也是这样说，我们宣传也是老幼病残，现在的空巢老人很多，而且留守儿童也很多，我们就是先解决这部分，有些老的有些子女出去打工。

调查员：低保这个的选择不是他们自己评，是需要结合实际的情况？

朱老师：根据调查，有些老幼病残，有些长期病了，年纪轻轻的但是你得了一种慢性病，有些得到怪病就是医不好的。

调查员：但是这个低保的名额不是每年都在缩减吗？

朱老师：因为那阵很多，现在逐步逐步减也没有多少了。

调查员：现在我们全村还有多少名额，就是低保的这个名额？

朱老师：现在全村还没有调整，去年调了40多户出去，很多人有车了就无条件退出来了，有些是买车是贷款买的，他买车必须要上户，这个文件查到你的车，你再穷都不会给你政策，都不能享受低保，你买车和买了商品房你就不能享受低保，这个是无条件要退出。没有什么条件给你讲的。

参考文献

〔法〕皮埃尔·布迪厄、〔美〕华康德:《实践与反思:反思社会学导引》,李猛、李康译,中央编译出版社,1998。

贵州省民族语文指导委员会编《苗族语言文字问题科学讨论会汇刊》,贵州民族语文指导委员会,1957。

哈丁:《群体冲突的逻辑》,上海人民出版社,2013。

黄宗智:《"项目制"的运作机制和效果是"合理化"吗?》,《开放时代》2014年第5期。

〔美〕约翰·肯尼斯·加尔布雷斯:《贫穷的本质》,倪云松译,东方出版社,2014。

康晓光:《中国贫困与反贫困理论》,广西人民出版社,1995。

李国和:《传统观念与云南少数民族地区的贫困》,《理论与实践》2003年第2期。

李友梅、肖瑛、黄晓春:《当代中国社会建设的公共性困境及其超越》,《中国社会科学》2012年第4期。

李明伍:《公共性的一般类型及其若干传统模型》,《社会学研究》1997年第4期。

罗必良:《从贫困走向富饶》,重庆出版社,1991。

麻勇恒:《敬畏:苗族神判中的生命伦理》,民族出版社,

2016。

穆光宗：《论人口素质和脱贫致富的关系》，《社会科学战线》1995年第5期。

乔纳森：《人类情感：社会学的理论》，孙俊才、文军译，东方出版社，2009。

沈红：《结构与主体激荡的文化社区石门坎》，社会科学文献出版社，2007。

沈红、周黎安、陈胜利：《边缘地带的小农——中国贫困的微观解理》，人民出版社，1992。

沈红：《宏观利益格局中的贫困》，《社会学研究》1996年第3期。

斯科特：《农民的道义经济学——东南亚的反叛与生存》，程立显等译，译林出版社，2001。

汪三贵、郭子豪：《论中国的精准扶贫》，《贵州社会科学》2016年第5期。

王小强、白南风：《富饶的贫困》，四川人民出版社，1986。

王兆萍：《贫困文化的性质和功能》，《社会科学》2005年第4期。

吴理财：《文化贫困（上）》，《社会》2009年第8期。

吴理财：《文化贫困（下）》，《社会》2009年第9期。

辛允星：《"捆绑式发展"与"隐喻型政治"对汶川地震灾区平坝羌寨的案例研究》，《社会》2013年第3期。

许汉泽、李小云：《精准扶贫视角下扶贫项目的运作困境及其解释——以华北W县的竞争性项目为例》，《中国农业大学学报》（社会科学版）2016年第4期。

杨敏：《作为国家治理单元的社区——对城市社区建设运动过程中居民社区参与和社区认知的个案研究》，《社会学研究》2007年第4期。

杨渝东：《迁徙：山地苗族的历史心性》，王铭铭、舒瑜编，《文化复合性——西南地区的仪式、人物与交换》，北京联合出版公司，2015。

杨小柳：《发展研究：人类学的历程》，《社会学研究》2007年第4期。

杨忠德、杨全忠：《威宁苗族语言文字推行使用浅析》，新华社贵州分社网站，1991年9月。

云南省地方志编纂委员会编纂《云南小康年鉴（2007）》，云南出版集团公司，2007。

云南省人民政府扶贫办公室编《云南扶贫开发年鉴（2011）》，云南人民出版社，2013。

云南省盐津县滩头乡志编委会：《滩头乡志》，2003。

云南省盐津县志编纂委员会编《云南省盐津县志（卷十三）》，1994。

云南省昭通地区地方志编纂委员会：《昭通地区年鉴1992》，云南民族出版社，1992。

云南省昭通市年鉴编辑委员会编《昭通市年鉴2001》，云南美术出版社，2001。

英克尔斯：《人的现代化素质探索》，曹中德等译，天津社会科学院出版社，1995。

张坦：《"窄门"前的石门坎——基督教文化与川滇黔边苗族社会》，贵州大学出版社，2009。

昭通市民族宗教事务局编著《昭通少数民族志》，云南民族出版社，2006。

昭通市年鉴编辑委员会编《昭通年鉴（2003）》，德宏民族出版社，2003。

昭通市年鉴编辑委员会编《昭通年鉴（2004）》，德宏民族出版社，2004。

政协昭通市委员会办公室编《风雨同舟——昭通市纪念人民政协成立60周年征文集（1949~2009）》，2009。

新中国五十年的昭通编委会：《新中国五十年的昭通》，中国财政经济出版社，1999。

中国苗族文学丛书编辑委员会编《西部民间文学作品选1》，贵州民族出版社，2003。

中国人民政治协商会议水富县委员会编《水富文史资料》（第七辑苗族专辑），2015。

周怡：《贫困研究：结构解释与文化解释的对垒》，《社会学研究》2002年第3期。

Jasper, J. M., "The Emotions of Protest: Affective and Reactive Emotions In and Around Social Movements", *Sociological Forum*,1998,13(3).

Gans,H., *The Urban Villagers: Group and Class in the Life of Italian-Americans* (NewYork: Free Press，1968).

Lewis,O., Five Families: Mexican Case Studies in the Culture of Poverty.Basic Books，1975.

后　记

经过四年时间，这本书才得以呈现。2015 年调查组与生基村初次结缘，2016 年再访，2017 年开展大规模的社区和县域调查，2018 年回访。一路上，太多的人给予真挚的帮助，我们由衷地感谢！

感谢中共盐津县委李晓书记、盐津县人民政府郑磊县长、叶雷副县长、周旭明主任以及脱贫攻坚相关部门的同志，感谢中共滩头乡党委江承卫书记，滩头乡人民政府彭家禄乡长、任芳副乡长等乡政府领导及工作人员，在你们的热情支持下调查组的工作得以顺利进行和完成。

感谢生基村的王树才书记、朱世花、廖忠波、陶荣光，安学友老师、吴成学老师、马文军老师、安建光老师和苗族同胞，这里没有一一列出来的很多乡亲，真心感恩你们与我们同行，共同记录村庄的足迹与自己的成长。

感谢盐津县苗学会、水富县苗学会和威宁县苗学会的温暖支持。

调查组受教于很多苗族学者：昆明的陶绍虎老师、杨体耀老师，昭通的杨健康老师、张建明医生、杨忠文老师、朱正德牧师，石门坎张国辉老师、杨华明老师、张义祥老师，你们用少数民族文化教育的源头活水培育、滋养苗族村庄的文脉，纠正人们对于贫困文化的偏见，昭示文化扶贫、文化脱贫的丰富含义。

著者

2020 年 9 月

图书在版编目（CIP）数据

精准扶贫精准脱贫百村调研. 生基村卷：苗寨脱贫
与社区文化主体性建构 / 李春南, 沈红著. -- 北京：
社会科学文献出版社, 2020.10
　ISBN 978-7-5201-7518-0

　Ⅰ. ①精…　Ⅱ. ①李…②沈…　Ⅲ. ①农村-扶贫-
调查报告-盐津县　Ⅳ. ①F323.8

中国版本图书馆CIP数据核字（2020）第209504号

·精准扶贫精准脱贫百村调研丛书·

精准扶贫精准脱贫百村调研·生基村卷
——苗寨脱贫与社区文化主体性建构

著　　者 / 李春南　沈　红

出 版 人 / 谢寿光
组稿编辑 / 邓泳红
责任编辑 / 宋　静

出　　版 / 社会科学文献出版社·皮书出版分社（010）59367127
　　　　　 地址：北京市北三环中路甲29号院华龙大厦　邮编：100029
　　　　　 网址：www.ssap.com.cn
发　　行 / 市场营销中心（010）59367081　59367083
印　　装 / 三河市尚艺印装有限公司

规　　格 / 开　本：787mm×1092mm　1/16
　　　　　 印　张：15.25　字　数：148千字
版　　次 / 2020年10月第1版　2020年10月第1次印刷
书　　号 / ISBN 978-7-5201-7518-0
定　　价 / 59.00元